L'ÉCOLIER

DE BRIENNE,

OU

LE CHAMBELLAN INDISCRET,

MÉMOIRES HISTORIQUES ET INÉDITS,

PUBLIÉS par M. le Baron de B***,

Auteur du PRÉCIS HISTORIQUE SUR NAPOLÉON, des MÉMOIRES SECRETS, et des AMOURS SECRÈTES DE NAPOLÉON BUONAPARTE, etc., etc.

Ouvrage orné de *Fac simile*.

Il n'est pas de héros pour son valet de chambre.

TOME SECOND.

PARIS,

CHEZ { H. VAUQUELIN, lib., quai des Augustins, n° 11;
MONGIE, libraire, boulevard Poissonnière.
DELAUNAY, au Palais-Royal.

1817.

L'ÉCOLIER DE BRIENNE,

ou

LE CHAMBELLAN INDISCRET.

Imprimerie de Vᵉ H. PERRONNEAU, quai des
Augustins, n⁰ 39.

ce 6 au soir

vous ne venez plus, voir une
amie, qui vous aime, vous
laisser tout à fait délaissée, vous
avez bien tort, car elle vous
est tendrement attaché.
venez demain septidi déjeuner
avec moi, j'ai besoin de vous
voir et de causer avec vous
sur vos intérêts.
Bonsoir mon ami je vous
embrasse
veuve Beauharnois

L'ÉCOLIER DE BRIENNE,

ou

LE CHAMBELLAN INDISCRET.

MÉMOIRES HISTORIQUES ET INÉDITS.

CHAPITRE PREMIER.

« Je suppose, Dangeais, que vous avez lu mon mémoire. Sans vouloir influencer votre jugement et celui de quiconque le lira, je crois avoir le droit d'affirmer que bien hardis seront ceux qui le condamneront sans restriction. Trouvez qu'il pèche en beaucoup d'endroits, qu'il aurait donné lieu à des scènes de sang, qu'il aurait compromis journellement la famille royale, et ses plus fidèles serviteurs. Eh bien ! qu'est-ce que cela prouve, si ce n'est que l'exécution de mes projets n'eût point empiré les choses ? quelles plus grandes atrocités pouvaient être commises ? quels événemens eussent fait répandre plus de sang ? le dix août a jeté sur la poussière les Gardes-du-Corps, les Suisses, les anciens amis du monarque, ses fidèles serviteurs, braves gens que j'aurais conduits à la victoire et fait passer sur le ventre d'une population, dangereuse seulement quand on la ménage, ou lorsqu'elle peut s'abriter derrière un mur et resserrer entre des bâtimens qui l'attaque ou s'en défend. Je dis plus : je n'aurais pas eu besoin de me déployer énergiquement contre elle. Je sortais de Paris pendant la nuit ; et, dans l'obscurité, elle n'eût point osé m'aborder. L'eût-elle fait ? un feu

roulant.... et bientôt elle m'eût res=
pecté. Vingt mille braves bien disci-
plinés, rompus aux manœuvres,
certains d'être égorgés s'ils ne sont
vainqueurs, stimulés par la présence
d'un roi, d'une reine, et de l'héritier présomptif, famille illustre et
malheureuse qui met sa vie sous
l'égide de leur courage, vingt mille
hommes, dis-je, en pareille position,
libres de se déployer dans une plaine,
et commandés par un homme de
tête et qui ne compte pas, feront
toujours une trouée au travers d'une
population indisciplinée, mal armée,
et conduite en désordre. J'en appelle
aux maîtres de l'art. J'ajoute encore
que le roi, sous l'escorte de ces vingt
mille hommes se serait dirigé sur l'armée victorieuse de M. le comte d'Ar-
tois, qu'il aurait bientôt rencontrée.

« S'il fallait quelque chose de

plus pour faire sentir combien on eut tort de ne point essayer le. plan que j'avais conçu et tracé (1), je dirais : la hache des régicides remise aux mains d'un bourreau , a jeté dans la tombe le roi , la reine , et sa tendre sœur. Son fils, son jeune fils, l'héritier présomptif, languit dans les fers., et se voit torturer chaque

---

(1) Que Buonaparte s'en prenne à lui-même si son mémoire ne fut point pris en considération. Que n'écrivait-il avec le calme et la modération que comportait un sujet de cette importance? Inconnu qu'il était, pouvait-il espérer que le ministre croirait à des rodomontades, aux jactances d'un style calciné d'amour-propre? Ses moyens eussent-ils été sagement mûris et décisifs, que la manière avec laquelle il les exposait aurait fait mettre son mémoire au rebut par tout autre que M. Montmorin. C'est une justification bien due à ce fidèle serviteur du plus vertueux des rois.

jour par un scélérat que réclame l'échafaud (1). Madame première, ange de douceur, de souffrance, et de miséricorde, *sue des angoisses et de sanglans souvenirs* sur le grabat d'un cachot. L'infortunée et belle princesse de Lamballe, digne et vertueuse mie d'une reine plus malheureuse encore, est mise en pièces, et ses membres dégouttent sur la tête des assassins qui les promènent dans la capitale. A Versailles, Brissac, Lessart et des milliers d'autres roulent écharpés et sanglans dans la poussière des tombeaux. Je n'irai pas plus loin : le bruit des haches révolutionnaires, tombant sur toute la surface de la France, condamne, plus que toute autre chose, le rejet de mon mémoire, et me force à

____

(1) Simon, cordonnier.

répéter, que pouvait-il en arriver de plus?

« Dangeais, persuadé que j'étais des malheurs prêts à fondre sur le monarque et les siens, appréciez s'il se peut quelle indignation fut la mienne en voyant dédaigner les seuls moyens qui pouvaient épargner tant de calamités à la famille royale, et me procurer tant de gloire ; car, je le répète, mon ambition entrait pour beaucoup plus dans mes projets que l'intérêt porté aux victimes que je voulais sauver. Voilà, je pense un aveu qui me peint en pied : aveu que peu de personnes sont susceptibles de faire, et que probablement je ne ferais pas si ces mémoires devaient être publiés pendant ma vie.

« Ah ! mon ami, combien cet affront m'ulcéra ! que de réflexions il me fit faire ! si quelques jours on vous demande quels motifs m'ont plus spécialement déterminé à suivre le parti de la révolution, indiquez-en deux causes: le rejet de mon mémoire, et l'opprobre que m'imprima le superbe Paoli, cet homme que je portais dans mon cœur, que j'avais toujours placé au-dessus des héros de l'antiquité.

«Je voulais pourtant, mon ami, vous taire cette douloureuse circonstance ; mais ce serait une trop grande lacune dans le *factum* de mon existence. Je craindrais aussi que la postérité n'attribuât mon silence à ma culpabilité ou à ma faiblesse. Je vais donc vous détailler..... mais non..., je ne le puis ; je ne veux plus porter le fer dans cette plaie à peine cicatrisée. N'ai-je point assez souffert ? n'ai-je point assez bu à la coupe des humiliations ? cependant...je vous en ait rop dit, Dangeais, pour briser là. Je vais donc vous narrer ce fait le plus rapidement qu'il me sera possible.

«Il y a quelques mois que je fis un voyage en Corse pour y mettre à profit les circonstances. J'y trouvai les esprits aussi bien disposés que je pouvais le désirer. L'effervescence était générale. Des clubs se formaient. D'ambitieux fripons et d'imbéciles citadins y prenaient place. De toutes parts, enfin, on hurlait les mots de liberté et d'égalité. L'occasion était belle ; je hurlai comme les autres, tout en méprisant cordialement ceux qui hurlaient. Mes concitoyens se prirent à mes feintes, et me nommèrent commandant de la garde nationale.

«Paoli, cependant, s'agitait dans un sens contraire. Sa fortune et sa réputation étaient faites, et conséquemment il voulait une révolution paisible et réfléchie. Deux partis se formèrent ; nous devinmes ennemis. Je le balançai quelque temps ; mais, son nom, ses exploits, ses intrigues, l'emportèrent, et ma famille et moi nous fûmes bannis de la Corse. Je n'ai jamais tant regretté de connaître le prix de l'existence ; je me serais mis dix balles dans la tête ; mais convaincu que, de toutes les lâchetés, le suicide est la plus grande, j'ai pris sur moi de vivre. Que de tortures néanmoins furent les miennes ! prêt à monter le vaisseau qui devait me conduire à Marseille, je ne pus soutenir l'aspect d'un rivage que mes adversaires me contraignaient d'abandonner. Tous les transports de la rage vinrent assaillir mon être. Je tombai dans d'horribles convulsions. Étendu sur le sol, mes membres crispés, mes traits en contraction, et salivant la fureur, je me serais probablement éteint dans ce spasme colérique, si ma famille alarmée ne m'avait prodigué de prompts et puissans secours. A peine avais-je repris mes sens, que, me relevant furieux, j'arrachai un poignée de terre, et, la jetant dans l'air, je m'écriai, nouveau Julien : *Paoli, tu as vaincu, mais crains de pleurer un jour sur ton triomphe.* Quoi qu'il en soit, mon ami, il m'est resté de cette crise convulsive certains retours épileptiques (1) qui, quoique rares, ne laissent pas que de m'inquiéter beaucoup.

---

(1) Napoléon ne dit pas que ces spasmes sont en partie dus au poison que lui fit prendre une jeune femme d'Ajaccio, qui avait à s'en plaindre. (Voyez *la Correspondance* de feu Aréna.)

(15)

« Il ne fallait rien moins que les
avis et les consolations de madame
Buonaparte pour faire écouler ce
torrent de bile et de fureur. Oh! que
cette digne mère connaissait bien
mon côté faible! « Pourquoi mon
fils, me dit-elle, se livrer à de pareils transports? il est si beau, si
grand d'être au-dessus d'un revers!
quel est au surplus le vôtre? une con-
trariété, un léger chagrin. Si je vous
disais que c'est peut-être un bonheur;
que le décret qui vous proscrit peut
devenir le diplôme des plus brillans
emplois, et le brevet d'une grande
renommée. Napoléon, la Corse
n'est qu'un rocher inculte, un point
de terre imperceptible et misérable;
la France, au contraire, est grande,
forte, riche, peuplée et *en feu.*
Voilà, mon fils, un bien bel incen-

diè pour ne pas risquer à s'y brûler les doigts. »

« Mère, jamais ne reçut de son fils un baiser plus vif, plus cordial que celui que je donnai à madame Buonaparte en reconnaissance des observations qu'elle venait de me faire. L'ambition, il est vrai, plus que la tendresse filiale, avait appuyé ce baiser sur le front de ma mère. Oh ! comme ces mots retentirent dans mon cœur ! *La Corsè n'est qu'un rocher stérile, un point de terre ; la France, au contraire, est grande, riche, peuplée, etc.* C'en fut assez pour me ramener à de plus doux sentimens, et me rendre mon exil bien moins pénible à supporter.

«Voilà, Dangeais, ce qui m'est arrivé en Corse ; ce que je voulais vous taire, et ce que je vous raconte

rapidement , sans détails et sans réflexions.

«Ce premier affront reçu en Corse,
et mon mémoire à la cour laissé sans
réponse, me jetèrent irrévocablement dans le parti de la révolution.
A quelle autre cause pouvais-je alors
me dévouer, puisque le ministre
m'écartait pour ainsi dire de celle du
souverain ? J'étais sans fortune, sans
naissance et sans recommandation ;
donc je ne pouvais aller rejoindre
les princes , qui d'ailleurs com-
mençaient à être victimes de l'ingra-
titude et de la politique des puissances étrangères. Que je fus bien
autrement décidé, lorsque les sicaires
de 1793 eurent descendu dans la
tombe les principaux membres de la
famille royale, lorsque ces mêmes
sicaires , partagés en diverses factions, se traînaient mutuellement à

(18)

l'échafaud ! pouvais-je intérieurement consentir à végéter subalterne
sous le sceptre hideux de cette tourbe
massacrante ? Aurais-je accepté du
service sous un Carrier, sous un
Marat, sous un Robespierre, si je
n'avais su que le globe ne porterait
pas long-temps ces infâmes ?..... Un
Robespierre me faire intimer des
lois, un Robespierre obtenir mes
respects, mon estime,...... il est
possible que, dans l'état où maintenant est la France, il opère ainsi ;
mais sur moi... jamais, non, jamais :
j'ai soupesé la portion de boue qui le
compose. C'est bien la plus vile et la
moins capable des ambitions, même
en dépit du sang que pourront lui
laisser répandre ses ineptes et timides
collègues.

« Un Robespierre... s'il est un san-
glant reproche à faire aux Français,

ce sera de leur remémorer qu'un tel être s'est baigné dans le plus pur de leur sang, et leur a donné des loi (1). Tibère, Sylla, Cromwell, auraient pu seuls prétendre à mettre une nation dans un pareil degré d'avilissement. Sous de tels hommes un peuple est au moins excusable de courber le front et de souffrir.

« Croiriez-vous, néanmoins, que,

---

(1) En se prononçant aussi sévèrement sur le compte de Robespierre, Napoléon ne pressentait pas que, dix ans plus tard, madame de Staël le surnommerait *le Robespierre à cheval*. Ce fut sans doute cette épithète, méritée ou non, qui lui fournit l'aversion qu'il eut toujours pour cette dame. Un jour qu'un écrit de cette dernière l'avait plus fortement irrité que de coutume, il dit à Savary : « Que ne porte-t-elle un haut-de-chausse, cette *savantasse* ! fût-elle chez le Mogol, je vous la ferais arrêter et conduire aux galères. »

déjà deux fois, j'ai écrit en parti-
culier à ce même Robespierre? C'est
un lâche reptile dont j'ai besoin d'apprécier la turpitude et l'immoralité
pour connaître à quel point on peut,
sans génie, et avec de l'audace seulement, tourmenter une nation et
disposer de ses trésors. Les scélérats
en politique sont le meilleur cours
que puissent faire l'homme d'état et
l'ambitieux. Ce sont des préceptes
en action, bons ou mauvais.

«Chaque jour vous le voyez, cher
Dangeais, abrége la distance que
vous avez toujours supposée devoir
exister entre moi et une grande des-
tinée. Chaque événement depuis deux
ans embellit insensiblement mon
rôle. Je n'entrevois point encore, il
est vrai, le but où je puis raisonna-
blement atteindre, mais je sens que
doucement je m'y glisse.

« Entré en campagne simple capitaine, nommé commandant aux
gorges d'Olioulles, après la retraite
de M. Dutheil dangereusement
blessé, je reçois l'ordre de me porter
sur Toulon. Là, il me fallut, comme
tant d'autres, dévorer des couleuvres
et manœuvrer d'après les connaissances militaires d'hommes totalement étrangers à l'art du guerrier,
je veux dire, ces représentans que la
convention envoyait aux armées, qui
les méprisaient souverainement.

« J'étais chargé de canonner les
forts de la Malgue et de Malboquet
pour en chasser l'ennemi. Barras et
Fréron, députés à l'armée de siége,
firent les entendus, et disposèrent
mes batteries ; je les laissai faire
parce qu'ils faisaient mal. En effet
dix jours se passèrent, et j'avais tiré
ma poudre aux moineaux. Il était

temps, selon moi, de prouver aux représentans que s'ils savaient pérorer dans une tribune, et jeter leurs antagonistes sur l'échafaud, ils n'entendaient rien à détruire un fort afin de s'en rendre maîtres. Je ne les prévins point de mon projet, au risque de me compromettre avec eux; j'établis de nuit, et à l'est de mes autres redoutes, une simple batterie de huit pièces de douze et de deux obusiers : on y travaillait encore lorsqu'ils parurent. « Quelle est cette batterie, demandèrent-ils au capitaine de service ? — Une nouvelle que le commandant a ordonnée. J'étais à dix pas, j'entendais tout, et ne sonnais mot. Fréron prend sa lunette, examine, et prononce qu'on ait à cesser le travail; que la batterie est inutile. Je me retourne vivement : « Cette batterie restera; j'en réponds sur ma tête : faites votre métier, laissez-moi faire le mien. » Étonnés d'une telle hardiesse, les commissaires gardèrent un moment le silence. Barras se plaça dans l'angle destiné aux obusiers, reconnut quelque temps leur direction présumée, et se retira quelque peu, en prenant Fréron sous le bras. J'ignore ce qu'il lui dit, mais en revenant à moi, *« continuez, et nous verrons si vous n'en présumez pas trop. »*

«Non, je ne présumais pas trop; j'avais trouvé le faible des deux forts; je les prenais à mi-flanc; par ce moyen les trois quarts de ceux qui les défendaient étaient à découvert. Le lendemain de la scène des représentans, j'envoyai mes premières décharges : le succès fut triple de ce que je l'avais prévu. Mes boulets balayèrent tous les couronnemens.

Je m'attachai aux autres ouvrages que je nettoyai de même. Les forts, enfin, furent enlevés peu de jours après. Ce qui vous surprendra sans doute, mon ami, c'est que j'avais l'idée de cette batterie avant que les représentans eussent ordonné elles qui ne servirent qu'à traîner l'attaque en longueur et à brûler inutilement des munitions. J'en aurais fort bien fait l'observation aux commissaires, et démontré l'utilité, mais cela n'eût été utile qu'à l'état (1), et, ce que je craignais le plus, aux députés, qui probablement s'en seraient fait honneur. Combien je fus plus sage d'en agir autrement ! un imbécile pourrait seul me nier cette conséquence.

)Quel aveu ! comme il peint bien un ambitieux, son égoïsme, et les malheurs qu'il peut opérer !

Les représentans, que j'avais brusqués et peut-être intérieurement humiliés, furent assez prudens pour n'en point garder rancune. Satisfaits d'avoir reconquis un si beau port, ils me récompensèrent de la part que j'y avais prise, en me nommant général de brigade : j'en attends le brevet pour signer en cette qualité. Ce n'est, certes, pas modestie de ma part ; mais le pouvoir de ces députés est sujet à tant de variations, que je crains que la convention ne ratifie point l'arrêté qu'ils ont pris à mon égard. Quoi qu'il en soit, j'aime à croire que cette dépêche vous donnera matière à réfléchir, non-seulement sur les grandes catastrophes dont votre patrie est victime et témoin, mais bien encore sur les espérances que j'ose en concevoir. Votre approbation, je le sais, ne s'étendra

pas à toutes les circonstances de ma
vie. Je ne vous en veux aucun mal, et
vous n'en serez pas moins mon confident et mon ami, autant qu'un mortel
peut être l'un et l'autre auprès de moi.
Je suis au surplus persuadé que moi
seul peux m'apprécier et m'approu-
ver (1). Cette conviction est un de
mes plus doux plaisirs. Que ne m'est-il
permis de ne rien partager avec les
autres hommes ! Alors seulement, je
serais complétement un *homme à
part.* Quoi qu'il en soit, j'ai pour
moi l'unique approbation que j'ambitionne. *La mienne !....* Qu'il est à
remarquer, mon ami, celui-là qui,
s'isolant des petits jugemens de ses

---

(1) Buonaparte craint sans doute que son
lecteur ne soit point persuadé qu'il regorge
d'amour-propre, car il saisit toutes les occa-
sions de lui en rappeler le souvenir. Ces
répétitions justifient amplement cette note.

semblables, s'est intérieurement con-vaincu qu'il est leur supérieur, et qu'il ne s'en impose pas sur ses moyens et sa capacité. Il n'est desti-nées auxquelles un tel individu ne puisse prétendre ; pour mieux dire, deux grandes époques marqueront son avenir, *une chute avec fracas,* ou de brillans succès. Dans l'un ou l'autre cas on n'est point vulgaire, et c'est beaucoup pour qui pense comme moi.

«Je termine la présente, heureux de l'espoir que ma première vous prouvera que je marche rapidement à mon but. »

. . . .

. . . .

Cette dépêche ne me trouva point à la Martinique, mais bien à Saint-Domingue, où mes malheureux destins m'avaient conduit. Voici comment : mon père m'avait ménagé un riche hymen dans cette île. Nous avions réalisé tous nos biens de la Martinique pour nous rendre à Saint-Domingue, où nous achetâmes d'autres propriétés, qui furent complétement dévastées pendant les horreurs qui se commirent le quatre août 1793 et jours suivans : mais de toutes les pertes que je fis, celle de ma future épouse, de son père et du mien, qui périrent victimes de la rage des barbares, m'affligea le plus sensiblement. Sauvé comme par miracle, grâce aux soins de M. du Tertre-Péan, j'attendais, dans la plus profonde douleur, l'occasion de repasser en Europe, l'orsqu'on me remit le paquet de Buonaparte. Avec quelle avidité j'en dévorai la lecture ! le supplice de la famille royale et les autres atrocités comprises dans cette dépêche, rouvrirent toutes mes plaies, en me retraçant le souvenir des pertes que j'avais faites. Que les révolutionnaires me parurent coupables ! hélas ! eux et leurs devanciers n'étaient-ils pas les premiers auteurs des sanglantes catastrophes éprouvées au Cap ? N'étaient-ce pas leurs principes qui avaient donné l'éveil au crime et mis un poignard à la main de tous les noirs ?

Cette aversion, fruit de mes malheurs et de mon expérience, devait nécessairement influer sur mes sentimens à l'égard de Napoléon. En effet, sa conduite me parut terne et répréhensible, son ambition moins brillante, enfin, certaines circonstances de sa vie avaient, selon moi, sali son rôle.

Je ne pouvais, cependant, me nier que son ambition, sa politique, et le grand secret qu'il avait de mettre à profit les moindres événemens, le meneraient loin sur l'océan des malheurs publics. J'en aurais gémi pour ma patrie, si des mains encore plus cruelles ne l'eussent pavée, à cette époque, de cadavres et d'écha-fauds. « Qu'il prospère, me disais-je, quel qu'il soit, les calamités de la patrie ne peuvent plus croître. »

Je restai encore sept mois au Cap, d'où je fus obligé de partir, pour n'être point tout-à-fait à charge à l'ami généreux qui m'avait donné l'hospitalité et sauvé la vie. Je m'em-barquai le 6 août, et j'arrivai à Paris, le 2 septembre 1794, avec quelques milliers de francs, faibles restes de l'immense fortune que j'avais pos-sédée.

CHAPITRE II.

MON oncle et quelques autres parens qui auraient pu me rendre service, avaient émigré. Mes fonds, ré-
duits à peu de chose, me commandaient impérieusement de chercher
un emploi quelconque.

Le gouvernement, à cette époque,
venait de subir une forte réaction.
Robespierre et ses complices avaient
trouvé le châtiment dû à leurs nombreux forfaits. Le sang français ne
coulait plus par torrens, et l'on
pouvait reposer sur la patrie un œil
moins attristé.

L'état militaire étant le parti qui
me convenait le mieux, je pensai aux

moyens de me procurer un grade dans les armées. J'avoue sincèrement que je plaçai de grandes espérances sur Buonaparte , que je croyais plus que jamais en position de me procurer de l'avancement.

- J'allai sans perdre de temps dans les bureaux de la guerre demander dans quel corps d'armée il servait.

Je laisse à juger de ma surprise , en apprenant qu'il avait été destitué comme révolutionnaire et Jacobin outré. Mon étonnement eût été beaucoup moindre s'il se fût agi de tout autre ; mais apprendre que Napoléon était destitué.... savoir sans emploi l'ambitieux jeune homme qui regardait l'épaulette de général de brigade comme un faible à compte sur la somme du brillant avancement qu'il se promettait , était une nouvelle capable de m'attérer et d'exciter vivement ma curiosité. Je voulus, à tout prix, savoir ce qu'il était devenu. Je fis, à cet effet, de nombreuses enquêtes près les chefs de division et autres employés au ministère. Peines inutiles ; j'appris seulement qu'il habitait Paris. Quinze jours entiers je parcourus en vain la capitale et les lieux publics pour le rencontrer. Je possédais à peine six mille francs ; j'avoue néanmoins que j'en aurais volontiers donné le quart pour réussir dans mes recherches ; mais enfin, quelles que fussent mes courses et mes enquêtes, toutes furent vaines, et je demeurai convaincu qu'il n'habitait plus Paris.

Le malheur de Buonaparte était aussi préjudiciable à mes intérêts personnels qu'à ma curiosité. J'avais beaucoup espéré de son influence ; et, par sa chute, tout espoir m'était ravi. J'étais franchement fort embarrassé, lorsque je rencontrai le général Legrand, qui avait beaucoup connu mon père, et dont la famille avait quelques obligations à la mienne. Je lui fis part de la position critique dans laquelle je me trouvais. Il prit à mon sort le plus vif intérêt, et me promit de me faire obtenir une lieutenance dans quelques demi-brigades de la division dont il faisait partie. En effet, il vit le réprésentant Aubry qui avait alors le département de la guerre. Il fit valoir près de lui mes malheurs, mes pertes, et ma conduite politique. Le succès de ses démarches dépassa de beaucoup mes espérances. Peu de jours après il me remit le brevet de capitaine dans la 94me. demi-brigade, alors à l'armée de Sambre-et-Meuse. Un mois me fut accordé pour arranger mes affaires et travailler à mon équipement.

Mon nouveau grade me rendit plus vif le chagrin de ne pouvoir découvrir Napoléon. Qu'était-il? que faisait-il? probablement il était mort ou expatrié. Cette dernière idée prévalut en moi, et je laissai au temps à m'en apprendre des nouvelles.

Déjà je n'avais plus que quinze jours à rester à Paris, lorsque, passant rue Saint-Nicaise, j'entrai, dans l'intention de dîner, chez un restaurateur du moyen ordre. Deux petites salles à manger communiquaient ensemble par une porte vitrée. J'étais dans la première en entrant, et j'avais à peu près dîné, lorsque mes regards se portèrent par hasard dans la salle du fond. Que vois-je! un jeune officier pliant sa serviette et se préparant à sortir. C'était Buonaparte...

Mon émotion fut si vive, qu'en arrivant à lui je n'eus que la force de prononcer ce mot, « Mon ami....." Surpris, il me regarde. Plus surpris encore de me voir sous l'uniforme d'un capitaine, il me toise de la tête aux pieds, et n'articule que cette phrase décousue : «Vous, Dangeais, en ces lieux, capitaine... sortons... » et, me prenant brusquement le bras, il m'entraîne jusque dans le jardin des Tuileries.

Quelque court que fût ce trajet, j'eus néanmoins le temps de considérer mon fougueux ami. Il était en frac bleu, avec des contre-épaulettes, et l'épée au côté ; sa mise enfin n'annonçait ni le besoin ni l'aisance. Ses premières paroles me prouvèrent qu'il était toujours le même. Sans s'informer ni de ma santé, ni des motifs qui m'avaient ramené de la

Martinique, il me dit : « Quel est cet uniforme ? depuis quand êtes-vous au service ? qui vous a fait capitaine ? » Lorsque je lui répondis que le député Aubry, à la sollicitation du général Legrand, m'avait promu à ce grade, je pensai qu'un reptile l'avait piqué. Il fit un saut en quittant mon bras, et fut s'asseoir sur un banc où bientôt il perdit connaissance. Je m'empressai de le secourir. Il était d'une pâleur effrayante, et tous les muscles de son visage étaient en contraction. Une dame, que je reconnus pour être mademoiselle Raucourt, lui fit respirer des sels, et soudain il reprit ses sens. Me saisissant de nouveau le bras, il nous enfonça dans l'allée de gauche, sans remercier même la personne qui l'avait secouru. «Quoi ! ce misérable Aubry, s'écrie-t-il lorsque nous fûmes à l'écart, vous a promu au grade de capitaine ? et moi, qui depuis six mois sollicite une seule audience, je n'ai pu l'obtenir !.... quels sont vos titres à ce grade ? qu'avez-vous fait ? qui êtes-vous ? d'où venez-vous ? vous tombez des nues. Ah ! maudit dépositaire des emplois, c'est donc ainsi que tu les distribues ? ministre éphémère, éclos d'une faction qui n'a peut-être pas deux soleils à vivre, c'est donc ainsi que tu récompenses le mérite ?... Dangeais, les bourreaux m'ont destitué....... volé mon grade...... mes travaux... mon pain... ma fortune... mon avenir... mon immortalité. Ils ont dit que j'étais révolutionnaire : oui, faquins, je le suis ; mais ce n'est pas dans votre affreux sens. Vous l'êtes pour détruire, proscrire, égorger. Ah ! si je prends du champ, je le serai bien davantage, révolutionnaire.... mais ce sera pour vous révolutionner tous, pour vous donner un modèle de révolution... Croiriez-vous, Daugeais, que les traîtres, non contens de m'ôter mon pain en France, m'ont défendu d'en aller chercher chez l'étranger. Je voulais passer à la Porte Ottomane; là, comme autre part, j'aurais prospéré ; eh bien! on m'a refusé un passe-port; mais, grâce au ciel, je saurai me passer d'eux. Un Anglais... Blinkam... tenez, voici sa lettre; lisez. » Figurez-vous que Napoléon m'avait lâché cette bordée de demi-phrases sans suite en moins d'une minute, et avec une telle véhémence, que nous aurions probablement amassé du monde autour de nous, si nous n'eussions été dans une allée à peu près déserte. J'allais lui faire quelques observations, lorsqu'il me dit : «Non, non, lisez ; après quoi nous raisonnerons. » Voici donc la lettre de M. Blinkam.

De Weymouth, 2 octobre 1794.

« Puisque, mon cher ami, votre gouvernement vous refuse un passe-port pour Constantinople, tenez-vous prêt à partir pour l'Angleterre dans le courant du mois. J'ai les moyens de vous sortir de France sans danger : ce n'est point aux Turcs que je vous destine ; je vous ai trouvé un parti plus avantageux ; une terre neuve pour le génie et l'ambition.

«Sir John Shore (1), gouverneur-général des établissemens anglais dans le Bengale, a conçu le projet d'envoyer une ambassade à Minde-ragée-Praw, empereur des Birmans, royaume d'Ava. Il a fait choix pour

____

(1) Aujourd'hui lord Teignmouth.

son plénipotentiaire du major Michel Symes, qui mérite assurément cette honorable distinction. Il emmène avec lui, comme secrétaire et adjoint, M. Thomas Wood, excellent astronome, et de plus enseigne des ingénieurs du Bengale; et, comme chirurgien, le savant docteur Buchanan, bon géographe et très-habile géomètre. Ces deux messieurs sont mes intimes amis, et c'est entre leurs mains que je vous remettrai. Vous serez, je crois, en compagnie conforme à vos goûts. Je vais maintenant vous tracer rapidement les chances brillantes et variées que vous pourrez courir dans les climats que vous allez visiter : 1°. Minderagée-Praw, empereur des Birmans, et quatrième fils de l'usurpateur Alompra, ne respire que la gloire et le désir d'étendre ses conquêtes et d'accroître le nombre de ses sujets , qui déjà s'élèvent à plus de vingt millions d'ames. Admirateur enthousiaste de la tactique européenne, il donnerait la première place de son empire au génie guerrier qui pourrait y former ses troupes. Deux renégats portugais se sont déjà présentés ; mais c'étaient des imbéciles, capables tout au plus de faire manœuvrer une escouade de Cipayes. Ils n'ont point rempli l'attente du monarque , qui cependant les a richement récompensés. Que ne pouvez-vous point en espérer, vous, qui toute votre vie fîtes une étude de l'art du guerrier et des manœuvres militaires ? si cette chance vous manquait, mille autres se présentent; je vais seulement vous les indiquer, vous laissant à les vérifier et mettre à profit sur les lieux.

(43)

« 1°. Vous êtes ambitieux, et les Péguans, sujets forcés des Birmans qui les subjuguèrent, rongent le frein, et n'attendent qu'un chef intrépide pour secouer le joug ;

« 2°. Le Cachar, Munipourra, et le royaume d'Arracan, assaillis de toutes parts par les armées birmanes, ne trouvent pas dans leurs guerriers un seul homme à opposer aux généraux de Minderagée-Praw ;

« 3°. Les Siamois, qui, pour avoir donné asile à l'héritier présomptif du trône des Birmans, sont maintenant sous la verge des usurpateurs ; ces peuples, dis-je, présentent une vaste carrière à votre ambition. Leur roi a péri malheureusement, leur capitale est à peu près détruite, eux-mêmes grincent des dents sous les vexations qu'ils éprouvent. Buonaparte, tel est l'état de ce peuple.

Leur monarque n'est plus, je vous le répète ; c'est vous en dire assez : vous m'avez compris ou devez me comprendre.

«En vous adressant à mes amis, je leur dirai que je prends à vous le plus vif intérêt, que vous avez des moyens et le vif désir d'acquérir des connaissances. Ce sera plus qu'il n'en faut pour qu'ils vous protégent en tout et partout. Ne vous inquiétez point des avances, j'y pourvoirai. Faites donc vos dispositions, et croyez-moi votre ami.

J. F. BLINKAM. »

«Cette lettre, mon cher Napoléon, fait honneur à qui vous l'écrit ; mais veuillez réfléchir que les chances dont on vous donne l'aperçu y sont furieusement douteuses ; calculez aussi la distance des lieux, le caractère des peuples.... — Arrêtez, Dangeais ; vous n'êtes point assez pénétré de l'horreur de ma situation. Sachez qu'avant six mois toutes mes ressources seront épuisées.... et après, qui faudra-t-il que j'implore ? des hommes..... Non ! qu'un coup de foudre m'enlève à cet affront ! Que me parlez-vous de chances douteuses ? en est-il pour l'homme intrépide qui a tout à gagner, tout à risquer, et rien à perdre ? ne sait-il pas toujours les déterminer en sa faveur ? puis-je m'inquiéter aussi du caractère des peuples ? Péguans, Birmans, Siamois, Arracaniens, qu'importe ? Que je leur commande seulement en première ligne, et nous verrons si je ne sais point en tirer parti ! Quant à la distance des lieux, c'est encore un bien moindre obstacle pour moi. Si la patrie de l'infortuné est partout où il peut trouver le bonheur, celle de l'ambitieux est là où il peut primer sur les autres.

« Ce n'est pas, toutefois, que je ne fusse beaucoup plus flatté de prospérer en Europe, que d'aller tenter la fortune chez des peuples inconnus. Cette préférence est prise dans l'intérêt que je porte à la conservation de mon individu. Les bords rians de la Seine sont plus salubres que les rives de l'Irraouaddy (1), et, à un tiers de moins d'avantages, je préfere marquer chez les Européens. Aussi, tout en faisant mes préparatifs pour répondre aux offres de M. Blinkam, je suivrai avec plus d'instance les demandes que j'ai faites près du gouvernement. Si j'en suis définitivement repoussé, alors je pars ; et la

---

(1) Grande rivière d'Ava, dans l'Inde.

France apprendra peut-être un jour ce qu'elle aura perdu. (1) — D'accord, voilà de la raison, et quand vous ne cédez point à l'impétuosité de votre caractère, j'aime à vous entendre. A quoi vous a servi cette sortie contre le gouvernement, ces transports qui vous ont mis dans un état pitoyable ? en vérité ce ne sont point là les vertus de l'ambitieux. Du stoïcisme, de la fermeté dans le malheur, voilà, je crois, ses principaux attributs, son caractère distinctif. — Vous avez raison, Dangeais ; mais les misérables me font tant de mal, que je m'oublie quelquefois. Je savais au surplus devant qui je m'exaspérais ; devant tout autre j'aurais dévoré mes peines.

---

(1) Sans qu'il parte, elle sait au moins ce qu'elle aurait gagné en le perdant.

«Vous n'avez, dites-vous, plus que quinze jours à rester à Paris, voici mon adresse. Venez me voir : peut-être aurai-je de bonnes nouvelles à vous annoncer. »

Nous fîmes encore quelques tours de jardin avec Napoléon ; il m'entretint du gouvernement, de ses fautes, et finit par me prédire que sa chute était plus que probable. Nous nous quittâmes au coin de la rue Greuelle, également satisfaits de nous être revus.

Une foule de réflexions vinrent m'assaillir en rentrant chez moi. Je déplorai sincèrement le sort d'un jeune homme, qui plus sage dans ses désirs, moins fougueux dans ses raisonnemens, et moins partisan du sophisme, aurait pu doucement glisser dans le sentier de la vie, à l'aide des moyens que la nature lui avait départis. Sa destitution, son *vagabondage* prémédité, la détresse qui le menaçait en France, les malheurs qui pouvaient l'atteindre sur une terre étrangère, toutes ces choses, dis-je, me valurent un traité de morale, et me prouvèrent que le bonheur ne se trouve qu'avec des vues droites, franches, et des projets assortis à notre siècle et à nos moyens.

Deux jours après cette rencontre, je rendis visite à Buonaparte, qui demeurait alors dans un hôtel garni, rue des Fossés-Montmartre. Il était logé comme à peu près le serait un officier sans emploi, qui en sollicite, et ne doit point rester dans la capitale; cependant il eût été difficile de présumer que l'hôte de ce modeste asile en descendrait un jour pour s'asseoir sur le trône de Henri IV.

Rien n'était changé dans le sort de Napoléon. Il me dit seulement que la veille certain personnage marquant, qu'il ne voulut pas me nommer, lui avait tenu le propos suivant : *Prenez patience ; la mine se charge tous les jours. L'explosion ne se fera point attendre : sachez en profiter* (1). Cette assurance me parut avoir ranimé son espoir, et dilaté son front. « Oh ! comme je me pousserai dans la place, me dit-il, si je puis voir brèche ! je n'oublierai point le jeûne que les *plus avancés* me font faire. J'ai hâte de pouvoir agir. »

Pendant quinze jours que je continuai à lui rendre visite, ce fut à peu de chose près les mêmes répétitions. Il aimait à se tarir sur ses am-

---

(1) Il m'a depuis avoué que ce fut l'abbé Sieyes qui lui tint ce propos.

bitieux projets. Enfin , je fixai le jour de mon départ , et après nous être promis de correspondre , je le quittai pour rejoindre mon corps alors en garnison à Cologne.

CHAPITRE III.

Si Napoléon végétait sans emploi, je me trouvais à peu près de même en arrivant à Cologne, quoique porteur d'un brevet. Il y avait eu une erreur, et le corps d'officiers dont je devais faire partie était au complet. On me fit néanmoins la grâce de me recevoir à la suite. Je restai trois mois dans la plus parfaite inaction ; après quoi je donnai ma démission pour revenir à Paris où j'arrivai le 24 septembre.

Je courus le lendemain rue des Fossés-Montmartre. « Buonaparte, me dit-on, n'est plus ici ; il demeure rue du Montblanc. » Je m'y transportai sur-le-champ. J'arrive dans un

hôtel ; je demande M. Buonaparte.
« Le général? me répond le con-
cierge ; montez au premier. Je monte,
je traverse deux pièces assez proprement meublées ; dans la troisième
j'aperçois Napoléon au milieu de
quatre à cinq conventionnels : de ce
nombre étaient Letourneur et Barras.
La conversation était animée ; mais
à mon aspect le silence devint général, et tous se retirèrent, après avoir
dit à Napoléon : « Ne manquez pas de
vous trouver demain où vous savez.»
Buonaparte étoit en grand uniforme
et prêt à monter à cheval. « S'il faut
en croire les apparences, lui dis-je,
vous voilà de retour de chez les
Birmans. Il faut avouer que le vent
a favorablement soufflé pour vous. »
Il me répondit : « Ne m'en parlez
pas ; ma position est inconcevable.
Vous arrivez à bonne heure. Je

suis massif de pensées et de pro-
jets. Si vous n'étiez de retour,
je vous aurais fait venir. Le peu de
confidences que j'ai à vous faire est
si *gros d'avenir*, qu'il m'étouffe.
Depuis quinze jours j'ai franchi un
espace incommensurable. Si les évé-
némens sont ce que je les désire , je
serai un personnage... je me croirai
même intérieurement un peu plus
qu'un des personnages les plus mar-
quans de l'état. Ah ! que de moyens ils
me mettent en main sans le savoir !.. je
le leur apprendrai... allez, je marcherai rondement... cela doit être... cela
sera... Dangeais... vous le verrez...
c'est un coup sur lequel on ne peut
revenir..... planer , ou tomber.....»
Je laisse à penser dans quelle surprise
me jetaient ces ricochets de paroles ,
dignes d'un pensionnaire de Cha-
renton. Fatigué de n'y rien com-

prendre, je pris tout simplement un siége. « Non, non, me dit Buonaparte en m'arrachant de dessus ma chaise, et me prenant sous le bras, venez, marchons, je vais vous conter cela. — Vous ferez fort bien, car jusqu'à cette heure, je n'entends rien à ce que vous m'avez dit. — Je le crois... mais je vais vous narrer cela. Oh ! pour le coup, écrivez en me quittant; c'est un fait à transmettre... Blinkam, cet Anglais, mon ami, mon protecteur, est mort trois semaines après votre départ. Je restai sans espoir et à peu près sans ressources. Mieux organisé que moi y aurait perdu la tête. J'étais il y a dix jours à tonner contre le ciel et les hommes, lorsqu'un domestique frappe, et me remet un billet ainsi conçu :

« M. Buonaparte est prié de passer
« chez moi, ce soir sur les dix
« heures. J'ai quelque chose d'impor-
« tant à lui communiquer.

« Je le salue. BARRAS. »

« Que me veut ce Barras ? me dis-
je ; on ne se nomme que citoyen, et
il m'appelle Monsieur... Il me salue,
ce Barras. C'est pourtant un *politique superbe !* Oh! il a besoin de
moi... de moi, perdu, ignoré...
qu'importe ? il en a besoin. Dix
heures, quand sonnerez-vous?(1)Elle
sonnent enfin. Je vole, j'arrive chez
Barras. Il était seul dans son cabinet.

____

(1) Le lecteur aurait tort de condamner un
style aussi saccadé. C'est Napoléon qui parle :
il est plein du présent ; l'avénir le brûle. Il
voudrait exprimer vingt choses à la fois, et
il finit par ne rien terminer. Il jette des mon-
ceaux de pensées, et n'en suit aucune. Cette

« Comment se porte M. Buonaparte ?
— Bien, fort bien, citoyen représentant.—Citoyen.... laissons cela à d'autres. Que faites-vous ? — Rien.— On me l'a dit : je l'ignorais... c'est une horreur. Cet Aubry... ces *doublures de législateurs*.... M. Buonaparte, nous sommes dans la boue. Mais j'ai pensé à vous. Vous serez grandement employé. Écoutez ; il existe un projet de contre-révolution. La convention nationale est menacée. Les sections, travaillées par des chefs de parti, se proposent de marcher contre les troupes qui la défendent. Elles sont bonnes ces troupes, mais il leur faut un chef qui les fasse plus qu'intrépides. Je me suis

---

conversation, qui eut lieu le 27 septembre 1795, dura une heure, et fut écrite quinze minutes après.

ressouvenu de vous. Il faut en prendre le commandement. Il vous convient. Vous ne tenez à rien , vous tiendrez à tout. Je vous connais ; vous renverrez facilement ces bourgeois chez eux. Danican est incapable de lier ses opérations ; tout s'y oppose. Certes votre succès est écrit ; et la patrie est encore sauvée une fois. Comptez que vous ne serez point oublié. Le service sera trop grand ; car , nous avons des collègues qui nous *courbent*. Mais enfin , une fois victorieux des trames qu'ils ont ourdies , nous les tamiserons de manière à représenter dignement le peuple qui nous a confié ses intérêts , et que des factieux sont parvenus à égarer. »

« J'avais attentivement écouté Barras ; ses offres m'avaient transporté dans un autre monde , tant mon ambition m'enfonçait dans l'avenir. « Puisqu'il y va du salut de l'état, repliquai-je au représentant, croyez bien que je déploîrai dans cette affaire toute l'énergie et les moyens dont je suis pourvu. — En ce cas, demain, ici, et à pareille heure, je vous présenterai à quelques-uns de mes collègues. »

« Le lendemain, en effet, je trouvai chez Barras l'abbé Sieyes, Rewbel, Letourneur, Roger-Ducos, Merlin, et le général Moulins. Je serais venu de la lune que ces six personnages ne m'auraient pas regardé avec plus d'étonnement. Moulins, surtout, me toisait des pieds à la tête.

« Citoyens, leur dit Barras, je vous présente le général Buonaparte; officier peu connu, mais qui mérite de l'être. Je lui ai fait des propositions, il accepte, et je vous reponds de lui. Il ira son chemin, et fera beaucoup faire aux troupes qu'il commandera. » Tous les six ne pouvaient revenir de leur surprise; et je commençais à n'y plus tenir, tant elle me paraissait insolente, lorsque Moulins me dit assez froidement : «Savez-vous qu'il ne faut rien moins qu'une telle recommandation pour nous décider à vous confier un poste aussi important. — Je ne l'ai point sollicité, lui repondis-je sèchement; si je l'accepte, c'est qu'avant tout je l'ai soupesé; car, différent de certains hommes, je ne me charge d'un fardeau que quand je suis certain de le porter au but.» Figurez-vous, Dangeais, mes six vétérans de la révolution se pinçant les lèvres, et prenant chacun leur part de la petite épigramme que je venais de laisser tomber. Il grimacèrent un souris d'approbation qui avait une toute autre couleur. Rewbel me fit à l'instant cette remarque. « Savez-vous qu'il est possible que cela soit très - sérieux ! que les sections... » Je pris sur moi de l'interrompre. « Hé bien ! je me développerai sérieusement. Je ferai du bruit, et les sections iront se coucher. » Cette saillie faite avec beaucoup d'assurance ramena tous les regards sur moi. Mais alors ils n'étaient plus empreints d'une insolente surprise. C'était au contraire de la considération qu'ils exprimaient. « C'est bien cela, dit alors Letourneur à Merlin ; » et se retournant vers moi, « Général, demain vous recevrez votre commission, et mardi vous vous ferez reconnaître par les troupes. » Quelques instans après ils se retirèrent. Je restai seul avec Barras qui me dit : « Vous irez demain chez Perregaux, qui vous comptera mille écus ; il a des ordres. Bourdet a retenu pour vous un logement convenable rue du Mont-Blanc. Vous y trouverez deux chevaux. Arrêtez un domestique à votre service, et préparez-vous à passer la revue des troupes qui seront mises à vos ordres. »

« Ces instructions reçues, je quittai Barras et courus chez Perregaux, qui me reçut comme un ami, et me solda sur-le-champ.

« Quelque décidé que je fusse à mettre à profit l'occasion, je crus devoir récapituler les diverses chances que j'allais courir ; car, malgré mes promesses à Barras, si le parti des sections m'eût offert autant d'avantages et moins de périls, j'étais homme à me mettre à la tête des sectionnaires. Tout autre que moi eût vu un protecteur dans Barras. Eh bien, non : je le haïs du jour qu'il me procura de l'emploi. Pourquoi cela, me demanderez-vous? je vous répondrai que j'avais déplissé son cœur. J'étais selon lui un vil instrument qu'il ferait servir à son ambition, et qu'il négligerait ensuite. C'était à mon ombre et sous ma responsabilité qu'il voulait parvenir à ses fins. Il me croyait persuadé qu'il travaillait au bonheur de la patrie, tandis que j'étais convaincu qu'il n'aspirait qu'à éloigner des rivaux pour régner avec moins de partage : je ne l'aurais point reconnu tel, qu'il m'aurait contraint à prendre de lui ces diverses opinions. Sachez qu'il eut l'audace de me dire l'autre jour : *« Faites bien, et j'aurai soin de votre avancement. »* L'impudent ! de quoi veut-il se charger?

d'une tâche que je ne confierais qu'avec peine à Dieu même. Eussé-je même été assez simple de croire à ses promesses, que bientôt il se fût montré ingrat. Tout est hysope près de ces cèdres révolutionnaires, et cela doit être. Quiconque avait la tête dans la poussière, et se la voit tout-à-coup dans les nues, n'ose point regarder en bas crainte de se reconnaître. Je conclus donc à penser que Barras se servira de moi comme d'un plastron qu'il méprise (1).

----

(1) Napoléon ne se trompait point en raisonnant ainsi ; la note suivante le prouvera.

Le lendemain du jour où Barras présenta Napoléon à ses collègues, il rencontra Rewbel, qui lui dit : « Où diable avez-vous déterré cette espèce d'homme-là ? franchement c'est déposer un précieux fardeau sur un bien frêle navire. Si vous vouliez m'en croire, on chercherait quelque chose de

« Je me garderai cependant bien de lui désiller les yeux ; ce serait peut-être me ravir la douce satisfaction de lui prouver plus tard qu'il

---

plus marquant. — Laissez-donc, lui répondit Barras, j'eusse culbuté le globe que je n'aurais rien trouvé de plus convenable. Ce petit Corse a toutes les proportions de l'instrument qu'il nous faut. Il est apte, expéditif, et surtout il est de force à *sauter à pieds joints sur la populace*. Dans le mouvement qui se prépare, et où je veux commander, s'il y a *du trop fait*, nous le rejetterons facilement sur le général, enfant perdu, que personne ne justifiera, parce que personne ne le connaît. Il est même certain que l'honneur de cette journée ne lui sera que faiblement imputé. » Rewbel, en cédant aux raisons de Barras, ne fut pas toujours discret ; et ce discours, qui parvint aux oreilles de Buonaparte, est une des premières causes de l'aversion qu'il témoigna constamment à son protecteur. Murat a même avoué depuis qu'au dix-huit Brumaire, Napoléon fut

s'est furieusement trompé. Ainsi ,
Dangeais, je vous déclare que, quels
que soient les événemens qui se pré-
parent, je travaille pour mon propre
compte. Et vous , mon ami , sous
quelle bannière vous rangerez-vous? »

Presque étourdi de ce que je venais
d'entendre , je ne savais que répondre à Napoléon. Détestant , au
surplus, tout ce qui tient à la guerre
civile , mon intention était d'attendre les résultats de l'événement qui
se préparait , pour savoir à quoi
m'en tenir. J'en informai Buonaparte , qui s'écria en riant, « Fort
bien ; plût à Dieu, mon ami, que tout
le monde vous ressemblât ! j'irais de

----

long-temps incertain s'il ne devait pas se
venger de l'ex-directeur autrement que par
l'exil. Mais des considérations domestiques
mitigèrent ses moyens de vengeance.

plein pied où j'aspire. Veuillez, néanmoins, n'avoir pas d'autre maison
que la mienne en attendant que vous
preniez un parti. » L'offre me convenait sous plusieurs rapports, et je
l'acceptai sans répugnance.

Il était temps que cette conversation finît, car je ne pouvais plus me
tenir sur les jambes, tant il m'avait
fait faire de chemin pendant une
heure que nous courûmes d'un bout
d'un appartement à l'autre. On peut,
sans exagérer, estimer à trois lieues
la distance que nous arpentâmes
toujours en courant. Cambacérès,
Montalivet, Champagny, et autres,
suèrent plus d'une fois d'un pareil
exercice.

Me voici donc établi dans la maison d'un homme que les événemens
allaient porter sur l'échafaud ou
dans de brillans emplois. Le possé-

dant beaucoup mieux que Barras et consors, j'étais persuadé qu'un premier succès le mènerait loin. Jamais spectateur d'une grande scène ne fut mieux placé que moi. Les acteurs et les machines étaient sous mes yeux. Du 28 septembre au 2 octobre Napoléon fut continuellement en course. La nuit du premier au 2, sa maison fut constamment pleine de gens qui s'y rendaient incognito et sans bruit. Quant à lui, dans l'espace de cinq jours, il ne m'adressa pas deux fois la parole. J'aurais eu tort de lui en savoir mauvais gré. Tout entier aux projets qu'il méditait, nul autre objet ne pouvait l'en distraire. J'osai lui faire un léger reproche de la froideur qu'il me témoignait. « Mon ami, me dit-il, ne vous en fâchez pas. Réfléchissez à ma position : je ne me suffis point.

J'ai d'ailleurs des chagrins ; ce jour, sur lequel j'assieds les plus belles espérances, n'aura peut-être pas lieu. Ces sectionnaires sont des *poules mouillées*. Ils hésitent ; ils tremblent. Ce sera la montagne en mal d'enfant.... Il n'y aura rien ou peu de chose (1). »

Je frémis involontairement d'un tel propos ; l'horreur qu'il m'inspira, et que tout autre eût de même éprouvée, m'enhardit à répondre au cruel qui l'avait tenu. « Quoi donc ! Buonaparte, vous gémissez de n'être point obligé de répandre le sang français ! ah ! vous êtes Corse ! Faites sonner tant que vous voudrez la

______

(1) Un trait de cette force vaut dix volumes de phrases bannales contre les dangers attachés au règne de l'ambition. Tout est là, et l'homme ambitieux et sa morale.

supériorité de l'homme qui se place à la droite de ses semblables, si pour atteindre ce but il faut qu'il marche sur des cadavres, cet homme, quel qu'il soit, est un monstre que tout être vivant devrait étouffer. Pardonnez à l'indignation qui me domine, mais il est certaines horreurs contre lesquelles on ne tient pas. »

Buonaparte, que j'aurais cru attéré d'une telle saillie, battait froidement une marche sur le marbre d'une console. J'avoue que tant d'impassibilité me rendit presque muet d'étonnement. C'était la première fois que je me prononçais aussi vivement contre lui. Je n'avais pas ménagé les épithètes ; donc, je croyais le trouver furieux contre moi, ou le voir hypocritement repentant du propos qui m'avait irrité. Rien de tout cela n'arriva. « Il est bien tard, me dit-il froidement, pour chausser le cothurne tragico-moral avec moi. Je ne descendrai pas à me justifier : sachez seulement que votre sortie est un hors-d'œuvre, une fanfaronnade d'humanité ; si quelqu'un pouvait m'apostropher ainsi, était-ce vous ? vous qui depuis quinze ans lisez dans mon ame ? N'avez-vous pas vu mille fois que, tout entier à mes prospérités, je ne reculerais jamais devant les moyens qui pourront les accroître ? Lorsqu'à quinze ans je vous exposais ces principes, que ne m'avez-vous abandonné ? Qui vous a retenu près de moi ? ce ne sont certainement ni mes prières ni mes adulations. Je le sais bien, moi, quel motif vous empêche de rompre. Ce n'est point l'amitié : nature ne m'a point doté de manière à me faire aimer. La curiosité, le plaisir ineffable d'étudier un être immense, à part, et que des siècles ne ramèneront pas (1); voilà, monsieur, ce qui vous lie, ce qui vous rapproche de moi. Vous avez raison, Dangeais, cette ténacité vous fait honneur. Quelle récompense aussi sera la vôtre, si mes pressentimens s'accomplissent! que de jouissances vous vous préparez, si, comme je l'espère, j'occupe les *caquets* de la génération présente et future! Si dans mon genre je suis l'unique sur le globe, dans le vôtre vous n'aurez point de rival. Tandis qu'énigme insoluble pour des myriades de peuples, je serai pris à contre-sens par des milliers d'imbéciles qui se donneront pour me

____

(1) Puisse l'avenir ne pas lui donner un démenti!

connaître parfaitement, vous seul, mon ami, vous seul pourrez leur dire : « Faquins, taisez-vous ; la solution de ce grand problème n'appartient qu'à moi (1) ; seul j'ai vu les ressorts de cette étonnante machine. » Si je plane, si je mets des

---

(1) Bien des personnes croiront que l'on prête ce discours à Buonaparte ; tant d'orgueil et de présomption, se diront-ils, ne saurait entrer dans la tête d'un mortel. Qu'en conclure, sinon que de tels gens ne connaissent Napoléon que par les journaux de son règne, et les diatribes que l'ignorance fit imprimer après sa chute ? N'était-il pas éminemment orgueilleux, présomptueux outre nature, le héros du trait suivant ?

Quelques jours après la bataille de Friedland, il aperçut le colonel Desportes, nouvellement arrivé de Paris. « Eh bien ! colonel, que disent les Parisiens ? — Le nom de votre majesté est dans toutes les bouches ; femmes, enfans, vieillards, s'entretiennent

millions d'hommes à ma gauche , je
serai contraint d'essuyer des bordées
d'adulation de toute nature : historiens, poëtes , prédicateurs, et courtisans , me doteront de toutes les
vertus humaines : telle action digne
du fouet sera mise par eux au rang
des faits sublimes. Ah ! que de bon
cœur vous pourrez leur rire au
nez , et leur glisser doucement dans
l'oreille : « Vous êtes, ou des ma-
rauds , ou des imbéciles. L'être que
vous préconisez n'est rien de ce que
vous dites. Il n'a de vertus que celles
dont il a besoin pour vous régenter;
et de tout ce que vous chantez à sa
louange, il ne prise que l'effet qu'il

de vous. — Je le crois bien : et quel objet
maintenant dans l'univers pourrait les occuper plus dignement ? »

De pareils traits lui étaient familiers, j'ose
même dire naturels.

produit sur les gens bénévoles et crédules; quant à vous, c'est tout au plus s'il ne vous méprise pas. Cependant, il vous récompensera comme manœuvres suant sang et eau pour lui déblayer le chemin de la gloire et de la fortune. »

« N'est-ce pas bien là, monsieur, le plaisir que vous procurera ma société? et à ce plaisir mille autres ne sont-ils pas attachés? Pourquoi donc vouloir vous en priver par des réflexions inutiles et tardives? Croyez-vous, au surplus, que la journée que j'ambitionne sera marquée par des massacres? ce serait un début par trop maladroit. Le déploîment des grands moyens n'en est pas toujours la mise en œuvre; au contraire, qui sait en imposer est rarement obligé d'en venir aux voies de fait. Je vous dirai plus : si, comme ambitieux, je désire une réaction, comme ami de votre pays, vous devez la désirer de même. Le bonheur public est à son déclin, et il faut un nouvel ordre de choses. Que les conventionnels l'emportent ou les sections, l'état ne peut qu'y gagner. Cette journée donc, que je désire et que vous redoutez, ne sera tout au plus qu'une heureuse saignée dont la France malade a le plus grand besoin (1). »

Quel que fut ce discours, Napoléon ne m'avait pas convaincu. Je ne

---

(1) Buonaparte est un fourbe d'autant plus dangereux, qu'il ne dit point ici qui des sectionnaires ou des conventionnels était le parti le plus juste. Il n'ignorait pas cependant que le mouvement des sections était secrètement en faveur de la monarchie. Il a probablement ses raisons pour ne le point dire à M. Dangeais. (*Note de l'Éditeur.*)

ne pouvais que répugner à ses principes, et peu s'en fallut que je ne le
quittasse sur-le-champ. Peut-être
aurais-je bien fait ; mais enfin, cette
bonne action, je ne la fis pas. Retenu
par la perspective des grands événemens qui se préparaient, je con-
sentis à vivre près d'un homme dont
je condamnais en secret la morale
et les actions.

Cette altercation, chose étonnante, ne le refroidit point à mon
égard. Quiconque fut victime de son
ressentiment ne croira probablement
pas à cette indulgence. Cependant,
une foule de raisons, toutes prises
dans son intérêt personnel, prouvera qu'il ne s'est pas toujours vengé
quand il en avait le pouvoir : non
qu'il ne fût point vindicatif, mais
seulement parce qu'il trouvait plus
d'intérêt à pardonner qu'à punir. Ce

n'est pas aussi qu'il n'ait souvent exercé d'affreuses vengeances. Sous ce rapport, il avait ses quintes et ses vues ambitieuses. Voici toutefois un trait de cette clémence factice dans un moment où il était en droit et en puissance de sévir contre le délinquant.

Il est certain que Lucien, Joséphine, et même Marie Élisa, sœur de Napoléon, plaidèrent vivement la cause du duc d'Enghien. Mais une circonstance à peu près ignorée, c'est que cette même Élisa eut la hardiesse de lui dire : « Craignez, mon frère, qu'une des balles qui traverseront le prince, ne vous brise par contre-coup le sceptre dans les mains (1). » Buonaparte, debout en

____

(1) Madame Bacciochi savait probablement alors que son frère visait à la couronne de France.

ce moment, et comme étourdi de la menace, fit quelques pas vers sa sœur. Lucien et Joséphine, effrayés du mouvement, se jetèrent vivement entre eux. « Qu'avez-vous, leur dit Napoléon, je voulais seulement demander à madame quelles raisons lui font pressentir ce ricochet. »

Cette scène, qu'avaient déjà précédée plusieurs autres du même genre et au même sujet, n'eut aucune suite fâcheuse pour la sœur; mais elle transpira dans le public, et bientôt on sut dans les meilleures maisons de la capitale que Buonaparte traitait ses proches de Turc à Maure.

C'est à ce bruit, qui n'était pas sans fondement, que je dus de savoir qu'il avait des boutades de clémence, et voici comment.

Un étourdi nommé *Loriot de*

Bruges, instruit sans doute des dis-
sensions de la famille consulaire, en
saisit le prétexte pour lancer contre
Napoléon les deux couplets suivans,
qu'il eut la témérité de lui offrir
lui-même et sous enveloppe. Les
voici.

AU PREMIER CONSUL.

Air *d'Adolphe et Clara.*

PROCLAME-TOI, si tu le veux,
Le bien-aimé de la victoire :
Comme tant d'autres malheureux
Je consens à chanter ta gloire.
Usurpe le trône français,
Passe encor pour cette vétille ;
Mais ne traite pas tes sujets }
Comme tu traites ta famille. } *Bis.*

Pour l'infortuné duc d'Enghien,
Lucien plaide ; et, soudain colère,
Tu le traites plus mal qu'un chien.
Ne serait-il donc pas ton frère ?

A l'honneur de son cher mari
Ta mère fit-elle une entorse !
Mais chut..... ce secret doit ici   ⎫
Mourir entre l'arbre et l'écorce.   ⎬ *Bis.*
                                     ⎭
                          (Le Corse.)

Je laisse à penser s'il était probable que Buonaparte pardonnât un pareil outrage, surtout lorsque, chef suprême de l'état, il pouvait impunément se venger. Ce fut néanmoins ce qu'il ne fit pas, même après avoir fait arrêter l'auteur, qui avait eu l'imprudence de chanter ses couplets chez un restaurateur du Palais-Marchand. A quoi donc attribuer cet excès de clémence, si ce n'est aux inégalités de son caractère : on ne sait que trop que pour de moindres injures il a fait des victimes.

J'ai dit que ces éclairs de générosité prenaient leur source, tantôt dans ses caprices, tantôt dans sa politique. J'ai cité à l'appui de la première assertion : voici pour la seconde ; et ce fait curieux et fort peu connu, je le trouve dans la guerre d'Espagne.

Joseph, quoi qu'on en ait dit et quoi qu'il en soit arrivé, ne voulait point, en acceptant le trône d'Espagne, être simplement le lieutenant de son frère. MM. d'Azanza et Offarel eurent le noble courage d'aborder cette question délicate en sa présence. « Ne craignez rien, messieurs, leur dit Joseph, je suis maintenant d'origine espagnole ; et si mes nouveaux sujets se rangent sous mon sceptre, dites-leur bien que je *régnerai;* que leur opposition seule leur donnera des décrets signés Napoléon. »

Ces nobles assurances ne contribuèrent pas peu à lui concilier tous les grands personnages de l'ancienne cour, qui bientôt devint la sienne.

Joseph, avec de pareils sentimens, ne pouvait vivre long-temps en bonne intelligence avec son frère. Aussi, une division très-marquée éclata-t-elle entre eux ; j'ajoute même, témoin oculaire, que cette division est une des principales causes des pertes de Napoléon en Espagne.

Deux puissans motifs aliénaient l'esprit de Joseph contre son frère : l'honneur du trône espagnol, qu'il voulait conserver intact, et le besoin de finances. Les déchiremens de l'Espagne réduisant à zéro toutes les impositions, il s'en suivait que le nouveau monarque était souvent sans le sou. C'est à cette position qu'est due la fameuse soirée de Chammartin, où Joseph tomba comme un coup de foudre, et au moment où on l'attendait le moins. « Vous ici, mon frère, lui dit Buonaparte du plus loin qu'il l'aperçut ; quel motif vous y amène ? — Le plus puissant de tous : le besoin d'exister et de n'être point honni par mes nouveaux sujets. Je n'ai pas un petit écu. — Comment !... ne seriez-vous plus le roi des Espagnes ? vous serait-il interdit de mettre des impôts indispensables ? — Des impôts... sur qui ? où ? vous tarissez toutes les sources. — Des reproches... — Des vérités. Ne m'avez-vous pas dit à Bayonne : « Il est possible que vos perceptions soient difficiles en commençant, mais je couvrirai le déficit. » Avez-vous tenu cette promesse ? — Ni ne veux la tenir. Depuis trop long-temps le trésor de France couvre les frais de cette guerre. Vous avez des peuples, mettez des impôts. —

Des impôts... encore une fois, sera-ce le pays insurgé qui m'en paiera, ou celui qui m'obéit et que vos armées ont totalement ruiné? J'ai touché le mal du doigt; j'ai vu les victimes; j'ai reçu des suppliques, je ne puis me refuser à l'évidence. — Joseph, vous n'avez pas l'ampleur des circonstances. Où en serais-je, moi, empereur des Français et roi d'Italie, si j'avais frémi devant les détonations de la raison et des grandes vérités? Ma grandeur a pris naissance dans mon aptitude à couper dans le vif, à mépriser les reproches particuliers, les plaintes des vexés et les haines de l'univers. Jeune, je m'essayai à ces grandes indifférences et j'emporterai ce *caractère large et lucratif* dans la tombe; aussi j'aurai existé! — Étalez tant qu'il vous plaira ce que vous fûtes, et ce que vous êtes ; quant à moi, je ne veux être que ce que je puis être sans trop de remords ; et, puisqu'il faut ne plus garder de mesure, quoique *roi de votre fabrique*, je ne serai pas plus votre propriété que les Espagnols ne veulent être vos serfs. — Je me le tiens pour dit : Joseph, si je tenais moins à ma gloire... si je pouvais honorablement rétrograder... mais non, je suis trop avant... je ne veux point donner une scène de famille. Terminons ; demain je vous mettrai en fonds. »

Le lendemain, en effet, Joseph reçut cinq cent mille francs, et retourna à Burgos. Napoléon eut long-temps cette scène sur le cœur, et peut être l'a-t-il emportée sur son rocher.

Si j'ai déplacé cette narration, qui aurait dû se trouver à mon voyage en Espagne avec Napoléon, c'est qu'afin de prouver qu'il pardonnait politiquement certains reproches, il était nécessaire que je rapportasse ces paroles de sa conversation avec Joseph : *Où en serais-je si j'avais frémi devant les détonations de la raison et des grandes vérités. Je dois ma grandeur à mon aptitude à couper dans le vif, à mépriser les reproches particuliers et les haines de l'univers.*

C'est dans ces paroles qu'il faut chercher les causes de son indifférence au reproche que je lui fis relativement au désir qu'il exprimait de voir la guerre civile s'allumer dans la capitale. Son oubli ne fut point générosité, mais dédain.

Veuille le lecteur ne point se choquer de cette excursion sur des événemens postérieurs. J'écris des mémoires et non une histoire complète. Conséquemment, les faits y seront plutôt amenés par les circonstances et le besoin des développemens que par les dates.

CHAPITRE IV.

Si Napoléon, impatient de voir pétiller les brandons de la guerre civile, était depuis quatre à cinq jours rêveur et chagrin, il n'en fut pas de même dans l'après-midi du 3 octobre (12 vendémiaire). Je le vis rentrer sur les quatre heures avec toutes les apparences d'une véritable satisfaction. Son domestique reçut l'ordre de seller ses deux chevaux, de préparer ses armes, et de se disposer à le suivre. Inquiet, je descends et lui demande si sans indiscrétion je pouvais savoir le sujet de son empressement à monter à cheval. « Les sections, me répondit-il, commencent à remuer, et particu-

lièrement le faubourg St.-Germain. »
Une femme vint lui demander s'il
dînerait à la maison. « Non ; cependant j'ai besoin. Je vais prendre un
verre de vin ; préparez-moi cela. »
Une espèce d'état-major arriva quelques instans après. « Les troupes
ont reçu des ordres ? — Oui, général ; et de toutes parts elles s'assem-
blent. » Napoléon passa aussitôt dans
la salle à manger, et fit, à la hâte et
debout, un léger repas, dont Van-
dame prit sa part. Il n'avait pas fini
que Bottot, l'aide-de-camp de Barras,
arriva à toute bride. « Général, lui
dit-il, à cheval ; la section du Luxem-
bourg est déjà sous les armes, et
dans plusieurs autres quartiers, les
groupes commencent à se former. »
Napoléon, radieux d'espérance et
d'ambition, quitte le morceau qu'il
tenait, et se retournant vers moi :

« Vous ne montez pas mon second cheval ? — Vous savez mes raisons, général. — Oh la mauviette en révolution !... » Cela dit, il descend rapidement, monte à cheval, et, suivi de son état-major, il s'élance au galop du côté des Tuileries.

Curieux de connaître quelle était la situation des affaires, je me dirigeai, quelques instans après, du côté de la convention. Tous les postes en étaient déjà occupés ; et le jardin et le Carrousel fourmillaient de troupes.

Je ne répéterai point ce qu'on a dit du 13 vendémiaire ; les détails de cette journée se trouvent partout. Je me bornerai donc à certains faits particuliers à Napoléon ; circonstances domestiques que ne pouvait atteindre la plume de l'historien. Ces détails, la plupart inconnus, sont es-

sentiellement nécessaires à qui veut se
faire une idée sûre du fougueux mortel que vit naître Ajaccio. Ce sont des
traits épars dont l'ensemble le rend
d'après nature.

Buonaparte fut sur pied toute la
nuit qui précéda le 13 vendémiaire
(4 octobre), et celle qui le suivit.
Ce ne fut que le lendemain de cette
fameuse journée qu'il rentra chez
lui, sous l'escorte d'un fort piquet
de cavalerie et d'un nombreux état-
major. Il était à peu près quatre
heures du matin. Réveillé par le
bruit que faisait cette troupe, je
m'habillai à la hâte, et courus au-
devant de Napoléon, qui me dit, en
me prenant la main, « Je vais me
reposer un moment ; je suis harassé...
J'ai bien des choses à vous apprendre... nous causerons... » Un quart
d'heure après son domestique me

dit qu'il s'était jeté tout habillé sur son lit.

Tout autre eut, ainsi que moi, éprouvé l'impatience de le revoir. Ce ne fut néanmoins que deux jours après que je me trouvai seul avec lui.

« Vous connaissez, me dit-il, ce qui s'est passé ? — Oui, par les journaux et les rapports publics. — Eh bien ! monsieur, où sont donc ces massacres, ces cadavres, ce fleuve de sang ? rien de tout cela... J'avais affaire à des pigeons ; le bruit leur a fait peur. Du cul-de-sac Dauphin sur les degrés de Saint-Roch, quelques volées... des vitres cassées... certaines *éclaboussures*... En vérité, ces pauvres bourgeois vont rendre leurs armes à bon marché. Danican avait bien mal travaillé son projet, ou plutôt, des habitans sont bien peu

de chose contre de la ligne bien disposée et bien conduite.— Vous êtes probablement content que l'affaire se soit
ainsi passée? — Oui... mais il faut
maintenant savoir où cela va me
conduire, et c'est là le point essentiel. Que m'importe à moi que les
conventionnels triomphent? Croient-
ils bonnement que leur intérêt eu-
trait pour quelque chose dans ma
défense? Vous seul, mon ami, savez
ce qu'il en est. Mais enfin, il faut
bien arriver par quelque porte. J'ai
fait un grand pas. Me voilà impatro-
nisé chez les arbitres; reste présen-
tement à le devenir. Et vous, monsieur *du scrupule*, quel parti allez-
vous prendre? — Puisqu'il ne s'agit
plus d'assommer les Parisiens, je
compte beaucoup sur vous pour rentrer en activité. — J'y ai déjà pensé.
— Vous recevrez au plus tôt un brevet

de capitaine. Vous resterez à mon état-major; car enfin, mon historien, mon confident, ne peuvent s'éloigner de moi. Vous riez? fort bien; mais je ne vous en ai pas moins dit la vérité. Sincèrement satisfait d'avoir à qui confier mes secrets, mes pensées, mon existence, près de vous je m'allége. J'étoufferais de ce qui se passe en moi, ou je cesserais d'être discret avec les autres; mes épanchemens près de vous constituent ma discrétion ailleurs. Si toutefois je vous avais perdu, je ne vous remplacerais pas. L'oserais-je? Quel autre que vous ne prendrait point pour délire les sorties de mon ambition et de mon amour-propre? Quel autre croirait à mes espérances, à mes désirs? Quel autre enfin se façonnerait à la rudesse de ma franchise, à la brusquerie de mes apostrophes, à la crudité de mes épithètes ? Car enfin, je me connais ; je sais combien je suis *rocailleux*, difficile ; je sais, en un mot, que pour tout au monde je ne voudrais pas vivre avec qui me ressemblerait. — Vous m'étonnez, général ; vous connaissant ainsi, pourquoi ne point essayer à vous réprimer ? — Je m'en garderai bien. J'ai besoin d'être ainsi pour être *beaucoup* un jour. Sachez, Dangeais, que la douceur, la bonté, l'abord simple, l'expression mielleuse, les égards envers l'individu, excluent l'énergie, l'audace, l'ambition et les grands moyens politiques (1) ; et vous savez si, sans ces brillantes qualités, je puis atteindre

---

(1) Il n'appartenait qu'à Buonaparte d'avancer un pareil sophisme : sophisme que ne détruit pas le correctif qui le suit.

où je vise ? Les grands hommes comme les grandes fortunes sortent rarement des temps calmes : aussi n'est-ce pas avec une rose à la bouche et des gants de soie aux mains que la plupart des êtres privilégiés ont conquis leur renommée. Des enfans peuvent s'amuser d'une colombe que parfois ils tourmentent ; mais les hommes aiment à considérer les proportions d'un vautour, dont la fierté les étonne, et qu'ils n'insulteraient pas impunément. Ce n'est pas que les premiers de la société ne puissent faire preuve de toutes les vertus douces, aimables et tranquilles. L'héritier légitime d'un trône, le grand seigneur satisfait de son sort, peuvent être doux, humains, sensibles, affables, simples, et pleins d'égards pour les autres. Ces heureux mortels, n'ayant rien à acquérir, n'ont pas besoin de brusquer les opinions, de faire époque à chaque trait, et d'éblouir par des manières étranges. Tout étant fait pour ces gens-là, ils sont libres de s'abandonner aux inspirations d'une nature douce et amicale. Est-ce bien là, monsieur, proportionner le raisonnement aux individus et à leur position respective ? Je vous disais donc que vous étiez nécessaire aux *tourmentes* de mon être, et qu'en conséquence, je me trouve heureux de vous avoir près de moi. Vous êtes sans ambition, j'en ai pour vous. Si la fortune me sourit, je saurai travailler à la vôtre, sans néanmoins vous éloigner de moi par des emplois... Mais, qu'avez-vous à me regarder si fixement ? — En vérité, général, je ne puis m'empêcher d'admirer votre air d'assurance. Vous

seriez le chef de l'état, vous dispo-
seriez des emplois, des finances,
que vos promesses ne seraient pas
plus naturelles; et cependant, vous
n'êtes encore que général. — Oui,
mais je suis Napoléon : j'ai commandé au 13 vendémiaire ; c'est un
point de ralliement. Les factions
sauront qu'on peut faire quelque
chose de moi ; elles me verront, me
feront parler ; dites-vous le reste. Ce
soir, au surplus, je vois Barras. Nous
avons à compter ensemble. »

Quelque énorme que fût la distance
qui existait alors entre Buonaparte
simple général des troupes de la
capitale, et ce que Buonaparte voulait être dans l'avenir, je ne pouvais
me dissimuler que chaque jour réa-
lisait une page du roman qu'il im-
provisait en ma présence depuis
une quinzaine d'années. Les circons-

tancés, il est vrai, le favorisaient singulièrement. L'instabilité du gouvernement, l'ambition des gouverneurs, le genre et le nombre des factions, tout, en un mot, faisait de cette époque, l'âge de l'audace et de l'ambition.

Buonaparte n'était pas homme à se contenter d'une première récompense ; et, sans savoir précisément ce qu'il entendait par ces mots, *j'ai à compter avec Barras*, il me fut aisé de deviner que le général voulait voir ses services plus amplement récompensés. Je n'attendis pas long-temps pour savoir à quoi m'en tenir sur cet article.

Le général n'était pas rentré, et déjà je sommeillais profondément, lorsque je fus réveillé par ces mots : « Dormez-vous, Dangeais ? » C'était Napoléon. « Que me voulez-vous ?

— Descendez ; je veux vous parler. »
Je passai à la hâte quelques vêtemens,
et bientôt je fus auprès de lui. Il
était dans une agitation visible. « Que
vous est-il arrivé, lui demandai-je ?
— Une horreur.... une infamie....
Que dites-vous de ce Barras qui s'at-
tribue tout l'honneur de la journée
du treize ? Il y a deux heures qu'il
était dans son salon à savourer les
éloges donnés aux bonnes dispositions qu'il avait faites. J'étais là, présent ; à peine m'a-t-on adressé la
parole. Je n'aurais été que son lieutenant, que l'on m'en eût dit davantage. Le fat recevait tout, ne me
renvoyait rien. J'étais sur des pointes
d'épée. Je l'aurais pulvérisé si mes
regards eussent été des foudres. Il
m'a pourtant envisagé sans rougir.
Je suis sorti, car je ne me contenais
plus. J'aurais dis pis que pendre aux

2.   5

lâches flagorneurs et à leur fragile et méprisable idole : mais demain je m'explique : qu'il se rétracte, qu'il me rende publiquement justice, ou je publie une relation de la journée ; et certes son portrait ne s'y trouvera pas sur le premier plan. »

J'essayai de calmer le général en lui représentant qu'il n'était point encore de force à lutter contre Barras, dont l'influence croissait prodigieusement ; qu'il fallait, au contraire, le ménager momentanément, pour être un jour en état d'aller de pair avec lui. « Ne m'avez-vous pas dit que la patience est l'essence de l'ambition. Or donc, si vous brusquez Barras, si vous vous en faites un ennemi, si vous perdez un avancement acquis depuis peu, vous êtes en opposition avec vos principes, avec votre bonheur personnel, et par conséquent, hors du système que vous m'avez toujours préconisé. — Vous avez raison ; je suis encore étique près de l'embonpoint politique de cet ambitieux. Il ne faut point tonner encore ; mais pour lui pardonner le vol qu'il me fait, jamais, mon ami, jamais ! Ah ! si quelque jour... ô le beau jour ! ce sera l'ambroisie que je me verserai !.. Demain nous lui rendrons une visite. Je lui ai parlé de vous et du besoin que vous avez d'emploi. Rien ne lui a paru plus facile que de vous en procurer ; il veut vous voir. »

Nous allâmes en effet, le jour suivant, chez Barras. Le salon était plein et partagé en divers groupes. Le maître du logis me reçut fort bien, et finit par me dire : « Comptez sur moi, et sous peu. » Prenant ensuite assez familièrement Napoléon sous le bras, ils passèrent dans une pièce séparée, où ils s'entretiurent à peu près un quart d'heure. J'ignorais ce qu'ils s'étaient dit ; mais quand ils rentrèrent dans le salon, il me fut aisé de voir que Buonaparte n'était pas tout-à-fait aussi mécontent de son protecteur que la veille.

« Grâce au ciel, me dit-il sitôt que nous fûmes de retour au logis, l'affaire s'est bien passée. J'ai suivi vos conseils, je me suis contenu. J'avoue aussi qu'il m'a parlé de manière à faire passer sur bien des choses. Voici à peu près ce qu'il m'a dit.

« Rien de ce qui se passait hier en vous ne m'est échappé. Vous souffriez des éloges que l'on me prodiguait ; éloges dont la plus forte partie vous est due. Mais que voulez-vous ? c'est un don gratuit que les circonstances m'obligent de recevoir ;

c'est un sacrifice momentané qu'il faut que vous me fassiez. Buonaparte, je vous apprécie. Votre conduite au 13 m'a donné votre mesure. Vous ne pouvez pas rester où vous en êtes. Je veux y pourvoir ; vous serez satisfait. Mais avant tout, il faut faire un bon mariage ; quelqu'un de nom, une personne marquante ; cela donne de la consistance... » Je vous demande, Dangeais, si pareille proposition n'avait pas bien de quoi me surprendre, je dirais même de m'humilier ? Quoi ! j'aurais besoin d'une femme pour me soutenir ? mon ambition serait contrainte à s'appuyer de ce que la création a de plus léger ? Pareille idée ne pouvait arriver jusqu'à moi. « Vous n'y pensez pas, monsieur, répondis - je à Barras, moi, me marier !... mais je n'ai pas encore tiré l'épée. Attendez donc au moins que j'aie quelque peu fait mon chemin. — C'est précisément pour vous en faciliter les moyens. Avant de refuser, au surplus, voyez qui je vous destine ; sa dot est prête, et je présume qu'entre vos mains elle peut devenir incalculable ; oui, général, incalculable. — Savez-vous, Barras, que voilà des énigmes ? — Eh bien ! souffrez que je vous mette à même d'en avoir la solution. — Ne fût-ce que pour me distraire, j'y consens. — Qui vous demande autre chose ? Le reste ira seul. Demain, je vous prends chez vous, je vous mène au spectacle, et de là chez Tallien ; et nous verrons si vos sentimens sont les mêmes quand vous en sortirez. »

« Voilà bien, mon ami, la substance de mon entretien avec Barras. Vous voyez que j'aurais eu mauvaise grâce à lui marquer le ressentiment

que je lui garde. Ce n'est pas que je
veuille donner les mains à ses projets
de mariage ; mais la prépondérance
dont il jouit, celle qu'il peut acquérir, et la chaleur qu'il semble mettre
à mon avancement, me font une loi
de me *pétrir* en sa présence afin de
stimuler ses inclinations protectrices.
— Général, au moins je vous retrouve. Voilà bien le système que
vous vous êtes tracé, et dont la
colère vous écarte quelquefois. Prê-
tez l'oreille à Barras. Soupesez cette
dot incalculable entre vos mains :
savez-vous que ce mot est de toute
force ? — Mais, mon ami, un mariage, des liens.... — D'accord....
mais une dot incalculable.... on ne
peut rien promettre de plus. Savez-
vous que cette incalculable dot peut
réaliser les rêves de votre ambition,
et me donner un démenti ? car je

vous avoue sincèrement que j'ai toujours classé vos projets et vos désirs au rang des songes d'une tête exaltée. Allons, voyez Barras ; et, pour me servir de votre expression, pétrissez-vous pour en tout obtenir. — Ne vous inquiétez pas ; si le moment est suprême, je serai à sa hauteur. »

Depuis quinze ans que je connaissais Buonaparte, jamais il ne m'avait paru plus raisonnable. Tout en se prononçant contre un hymen proposé, il ne m'avait qu'exprimé ses craintes sur un engagement indissoluble. Naguère il n'eût point tari sur le malheur de se donner une compagne d'humeurs et de goûts différens. Il m'eût amplifié les chagrins attachés à ces sortes d'unions ; ç'aurait été, en un mot, à n'en plus finir. Cette fois-ci il en fut autrement ; d'où je conclus que Barras et

moi nous étions ses dupes, qu'il
nous déguisait ses véritables sentimens, et que, malgré ses apparens
refus, il était prêt à souscrire à tout
pour obtenir l'*incalculable dot.*

CHAPITRE V.

Iᴌ en est de certains hommes comme de certaines choses qui nous attachent involontairement. Ce n'est pas ce qu'elles ont de bon qui nous étonne et nous force à les contempler ; c'est seulement ce qu'elles ont d'extraordinaire qui nous lie et nous fixe près d'elles. Contester cette vérité, serait nier que des milliers d'hommes se déplacent journellement de toutes les parties du globe pour aller scruter le Vésuve et l'Etna. Ces gouffres de feu vomissent pourtant la mort et la désolation, et cependant le voyageur s'en éloigne à regret, curieux qu'il serait d'assister à ses irruptions, à ses tourmentes.

Mon attachemeut à Napoléon avait, à peu de chose près, le même principe. J'étais journellement forcé de pressentir en lui, et de lui, des choses extraordinaires et terribles.

C'eût été de mon bonheur et de mon établissement qu'il se fût agi, que j'aurais été moins curieux de savoir quelle serait l'issue de sa soirée chez Tallien, où Barras avait promis de l'introduire. Je soupçonnais, et ce n'était pas sans raison, que là, lui serait présentée la future à *dot incalculable*.

Buonaparte eût gardé le silence sur cet article, qu'il m'aurait singulièrement affligé. Mais, et comme il le disait lui-même, il eût étouffé sous le poids de ses secrets : il fallait enfin qu'à tout prix il s'allégeât.

J'étais, en outre, d'autant plus certain de connaî.re toutes les circonstances de cette affaire, que sous le globe je me trouvais le seul homme susceptible de recevoir ses confidences, et devant qui son ame se déployait aussi facilement. Il s'en était fait une telle habitude, que, plus tard, il eut toutes les peines du monde à me taire des secrets de la plus haute importance.

Je ne fus point assez tôt levé pour aller à sa rencontre. « Eh bien ! lui dis-je, a-t-on vu la prétendue ? touchera-t-on l'incalculable dot ? — Laissons là, me répondit-il, la maudite dot ; j'ignore en quoi elle consiste, mais fût-elle encore plus incommensurable, que je ne voudrais pas la partager avec la *poupée* que Barras me destine. Imaginez-vous une jeune étourdie parlant de tout et ne disant jamais rien ; riant aux éclats et sans savoir pourquoi ; se jetant à travers une conversation intéressante pour nous parler d'un pompon ; n'estimant rien autant que bal , fêtes , spectacles et concerts , et vous aurez le portrait de mademoiselle F...... A l'attention que l'on a prise pour me placer à côté d'elle , et à certains propos jetés de temps à autres dans la conversation , j'ai bientôt vu dans cette tête sans cervelle la future compagne de ma vie. Si je n'eusse point été persuadé de la pureté des intentions de Barras, j'aurais cru qu'il avait voulu se moquer de moi , et je m'en serais expliqué avec lui. Mademoiselle F...... m'a souvent adressé la parole. Chaque mot , en vérité , était une impertinence , soutenue d'une fatuité et de manières à vous soulever de place.

Je lui aurais, je crois tourné le dos,
si je n'avais respecté les bienséances.
Mais si cette jeune personne me fati-
guait de son importun babil, que j'en
étais bien dédommagé par la jeune
dame que j'avais à ma gauche !
c'était bien l'antipode de mademoiselle F...... cette aimable veuve, car
c'en était une, avait à peu près mon
âge. Candeur, noblesse et bonté, se
mariaient aux charmes de son visage.
Son éducation, ses connaissances,
perçaient dans ses moindres discours. J'ignore son nom, mais je
répondrais sur ma tête que ce n'est
point une parvenue. Sa démarche,
ses actions les plus simples an-
noncent qu'elle a vécu dans le grand
monde. Enfin, mon ami, si je pouvais aimer tendrement quelque autre
que moi, cette jeune veuve serait
ma bien-aimée. Je trouverais tout à

la fois en elle et une épouse et une douce amie. — Savez-vous , Napoléon , que vous avez toute la mine d'être amoureux ? — Moi, Dangeais ! jamais... mes sens pourront m'intéresser à une femme , mais en être amoureux, je le répète, jamais ! — Pourquoi cela ? — Ah ! pourquoi cela !... croyez-moi, c'est un chapitre que j'éclaircirai quelque jour avec vous. Allons en attendant nous préparer à déjeuner. Barras sera des nôtres. Je l'ai prévenu qu'il pourrait librement s'expliquer en votre présence , et que je n'avais pas de secrets pour vous. Comme c'est lui qui m'a demandé à déjeuner, je présume que c'est pour savoir quelle impression mademoiselle F..... a faite sur mon cœur ; en ce cas ma réponse est prête , et la fillette n'aura pas à s'en applaudir. »

Barras, en effet, ne se fit point attendre. On se mit à table presque aussitôt; mais ce ne fut qu'au dessert que la conversation prit quelque tournure. « Voyons, général, dit Barras à Napoléon, comment trouvez-vous la petite F..... — Dites moi avant tout, monsieur, si vous prenez beaucoup d'intérêt à cette demoiselle ? — J'aimerais assez la voir établie. — S'il en est ainsi, je ne vous amuserai pas long temps. Cette demoiselle ne me convient sous aucuns rapports. — C'est fâcheux ; je voulais pourtant vous la donner...— Vous souriez, Barras ; qu'est-ce que cela signifie?—Que vous avez été dupe d'une espiéglerie. Avez-vous en effet pu croire un seul instant que ce fût là l'épouse que je vous destinais ? mais laissons ce badinage, et parlons sérieusement. Parmi les dames, dites-moi, n'avez-vous remarqué personne qui puisse vous convenir ? — C'en est assez, monsieur ; je sais où vous voulez en venir. Je vous avouerai même que, si j'avais un choix à faire, il tomberait sur l'aimable veuve qui était à ma gauche. Apprenez-moi seulement si elle était d'intelligence avec vons ? — Je vous jure sur l'honneur qu'elle ignore mes projets. — J'aime à le croire. Quel est son nom ? —La veuve du vicomte Beauharnais.» J'étais en face de Napoléon ; je suivais tous ses mouvemens. Au nom de la dame, il fronça le sourcil, mais soudain tous ses traits se nuancèrent d'une douce satisfaction: «Diable, dit-il, madame Beauharnais, c'est un beau nom — Et une bonne famille, lui réplique Barras ; cette dame a vu l'ancienne cour. Formée sur de bons modèles, on ne peut la confondre nulle part. Partout on s'honorera de la posséder. N'oubliez pas aussi qu'elle a de puissans amis. — Comme vous je sais apprécier ces grands avantages ; mais l'affaire est sérieuse ; veuillez m'accorder quelques jours de réflexion. — Rien de plus juste. Cependant, et pour hâter votre décision, je vais vous parler de cette dot qui, vous ai-je dit, peut devenir la source d'une brillante fortune. Écoutez-moi.

« Demain, premier novembre, le gouvernement prend une autre forme. La convention nomme cinq de ses membres qui formeront un directoire entre les mains de qui sera remis le pouvoir exécutif. Sous cette nouvelle législation la France prendra une nouvelle existence ; les opérations guerrières seront plus vivement suivies et les armées mieux pourvues. Nos premiers efforts tomberont sur l'Italie, et certes ils seront grands. Une forte armée va s'assembler aux environs de Nice. Épousez madame de Beauharnais, et je vous fais donner le commandement de cette armée qui sera la plus considérable de la république. Oui, monsieur, ce commandement sera la dot de votre épouse; et quand je vous ai dit qu'elle était incalculable, me suis-je trompé? L'Italie peut être une mine où vous puiserez à pleines mains (1). »

____

(1) Tout en avouant que Barras connaissait bien le rapace mortel qu'il envoyait dans l'opulente Italie, on se demande nécessairement comment il se fait qu'il en ait été si complétement la dupe au dix-huit brumaire. A cela, je réponds que rien n'est plus facile à résoudre, pour peu que l'on connaisse la vanité, la présomption de Barras,

Buonaparte, probablement perdu dans la foule de ses réflexions, ne disait mot depuis quelques minutes, lorsque , sortant tout à coup de sa rêverie, il dit à Barras : «C'est magnifique , monsieur, ce que vous offrez ; oui , on peut cultiver une telle dot... je vous avais demandé quelques jours pour réfléchir, mais demain comptez sur une réponse décisive. »

Barras était à peine sorti , que le général , tout entier aux offres qui venaient de lui être faites , me prit machinalement sous le bras et m'entraîna dans le jardin. Là, me fut

---

et le caractère de Napoléon. Le directeur, premier et principal artisan de la fortune du général, ne pouvait croire qu'il l'en récompenserait par un exil. Il ignorait sans doute que, pour en agir ainsi, Buouaparte avait certains motifs que lui, Barras, aurait dû présumer.

prouvé qu'en certain moment il ne s'appartenait plus, et qu'il était même impossible qu'il s'appartînt, tant il sentait plus vivement que les autres hommes.

« Il en sait long, s'écrie-t-il, ce Barras; oui, cette opulente Italie, cette superbe Lombardie, ces fertiles contrées qu'arrosent le Pô, la Piave et l'Adige, voilà des mines pour qui saura les exploiter. Mais seront-elles bien à ma discrétion?... ce *quine* de rois qu'ils vont donner à la France sous le sobriquet de *Directoire*, et dont lui Barras va probablement faire partie, ne voudra-t-il pas singer l'humanité, la générosité, la justice? aurai-je carte blanche? pourrai-je dire impunément, *Je t'impose; contribue, ou meurs?* ne serai-je pas toutefois en mesure d'éluder leurs volontés? n'aurai-je pas le secret de les baillonner avec des lauriers? Point de doutes, cela sera. J'aurai fait des soldats, de vrais soldats; j'écrirai à ces gouvernans qu'ils m'envoient de quoi en faire d'autres; j'en accuserai la réception avec des bons acquittés par la victoire; cette transaction prendra; maîtres et sujets ne me laisseront pas manquer; et je pourrai, cumulant triomphes sur triomphes, braver qui me trouverait trop acerbe, trop exigeant.... et ma future, je n'en parle pas..Elle est bien tout ce que je la veux...cependant... Savez-vous cela, Dangeais? » Je feignis d'ignorer ce qu'il voulait dire : « De quoi me parlez - vous? —Ah! vous n'y êtes pas... de rien mon ami. J'ai perdu mon sujet de vue, je divague. Croyez-vous que je ferai bien d'accepter? mais, à bien voir les choses, non, je n'accepterai pas... il faut que l'on soit *beaucoup* pour m'appartenir. Au surplus je vais sortir, je verrai, je m'informerai, et la nuit me portera conseil. Mais vous ne me répondez pas, mon ami? — Bien fin qui pourrait le faire? Ah ! vous avez raison, quand vous dites que tout autre que moi ne pourrait faire votre société. Quel homme, en effet, témoin du jargon décousu dont vous vous êtes servi, ne vous prendrait pour un pensionnaire des Petites-Maisons? sachez donc au moins vous faire comprendre. — C'est bien vrai, je le sens comme vous ; mais mon cœur est si plein, qu'il voudrait tout dire, tout demander, tout apprendre d'un seul coup. Il m'en coûte de laisser tomber des phrases entières. Que ne puis-je les rendre par un geste ! ne pensez pas pour cela que partout ailleurs il en soit de même. En société, pour ne point effleurer les sujets, rarement je prends part à la conversation. Je me renferme en moi-même; j'écoute seulement. De là me vient cette réputation d'homme silencieux et réservé. Mais avec vous, je débonde. C'est pourquoi je voudrais que vous me comprissiez à demi-mot. Avez-vous seulement saisi, que je voulais prendre des informations avant de m'associer à madame de Beauharnais? — C'est à peu de chose près tout ce que j'ai pu comprendre. — Eh bien! demain je vous rendrai compte du parti que j'aurai pris. »

Buonaparte sortit presque aussitôt après cette conversation. Je laisse à penser d'après cet échantillon, si ce n'était pas du salpêtre qui parfois circulait dans ses veines.

Je n'eus pas besoin d'attendre au

lendemain pour savoir à quoi il s'en tenait sur le compte de madame Beauharnais. Le soir même, il me fit part de sa résolution. Ce trait mérite bien d'être rapporté ; il prouvera du moins que cet homme, si peu vulgaire sous bien des rapports, l'était quelquefois plus que le commun des mortels. Est-il en effet quelque chose de plus petit, de plus mesquin, que le motif qui semble l'avoir principalement décidé à souscrire aux projets de Barras ? motif que je vais narrer le plus succinctement possible.

« C'en est fait, me dit Napoléon, je suis irrévocablement fixé. Ah, mon ami ! il faudrait être moi pour bien mesurer l'océan d'espérances où me promène ce que je viens d'apprendre. Condamne qui voudra ma faiblesse ; mais elle est si belle, si grande, elle a tant d'analogie... qu'elle me paraît un superbe pressentiment, et l'avant-coureur d'une occasion magnifique que je dois saisir aux cheveux. Écoutez, je vous fais juge.

« En vous quittant, j'ai couru chez madame Gohier, bien décidé à la faire parler sur le compte de madame Beauharnais, sans néanmoins lui rien dire de mes secrètes intentions. Le hasard m'a servi au delà de mes espérances. Il y avait cercle chez madame Gohier ; et, sans que j'eusse prononcé le nom de madame Beauharnais, elle est devenue le sujet de la conversation, et voici comment.

« On badinait de la simplicité des personnes qui croient à la cartomancie. « Je suis à peu près de votre avis, dit alors la maîtresse du logis, et cependant, étant à Lyon, j'ai eu la faiblesse de me faire faire mon horoscope par un devin en réputation. Ou il était sorcier, ou le hasard l'a servi ; car il m'a dit : « Vous n'épouserez pas qui vous aimerez, et vous chérirez qui vous épousera. » Je vous jure maintenant que cette prédiction s'est réalisée de point en point. —Je sais quelque chose de plus fort, reprit à l'instant Masséna ; vous connaissez tous madame Beauharnais ; eh bien ! lorsqu'elle n'était que mademoiselle Tascher de la Pagerie, une espèce de Bohémienne lui dit, à la Martinique : « Vous serez mariée fort jeune ; votre union ne sera pas des plus heureuses ; votre époux périra d'une mort violente ; vous passerez à de secondes noces ; vous serez reine, et cependant vous ne mourrez pas sur le trône (1). » Que penser maintenant de cet horoscope, qui déjà s'est en partie réalisé? quant à moi, j'avoue que ce sont là des choses dont on ne peut se rendre compte. »

« Tout le monde se mit à raisonner sur ce singulier événement. Mais quelle personne dans la société en fut plus vivement affectée que moi? Je crus trouver dans le hasard qui m'en avait donné connaissance, un avertissement secret de ne point laisser échapper l'occasiou de lier mes desti-nées à celles d'une femme qu'attendait un trône. Vous souriez, mon ami; vous m'accusez de superstition. De

----

(1) Joséphine se plaisait à raconter cette circonstance extraordinaire : néanmoins, elle n'en fut véritablement affectée qu'à l'ins-tant où elle vit son malheureux époux périr sur l'échafaud.

grâce, rassemblez les circonstances ; quelle analogie ! quelle vraisemblance ! J'aspire aux premiers rangs de la société ; je ne connais point madame Beauharnais ; le hasard me rapproche d'un homme qui me la propose pour épouse, et c'est à cette femme que l'on a prédit une couronne ! Ah ! Dangeais, dussé-je m'abuser, je ne sais quoi me commande de tenter le sort. Quel serait, au surplus, mon désespoir, si, dédaignant cette jeune veuve aujourd'hui, je voyais un jour ses destins s'accomplir avec un autre époux. Je n'y survivrais pas, n'importe comment. Aussi, vais-je déclarer à Barras que je suis prêt à souscrire au mariage qu'il m'a proposé. »

Buonaparte n'était pas homme à dormir sur un projet, surtout quand une fois il en avait irrévocablement arrêté l'exécution. Le même soir il vit Barras, qui fixa au jour suivant l'entrevue des deux futurs.

CHAPITRE VI.

Ce n'est pas peu de chose que de justifier des Mémoires, et les épisodes dont ils se composent. La raison en est que beaucoup de personnes croient qu'ils doivent avoir la régularité et les proportions de l'histoire. On se trompe; et telle chose qui ne conviendrait point à l'histoire devient précieuse dans des Mémoires, qui ne sont, à bien dire, qu'une galerie de tableaux représentant le plus souvent des scènes domestiques. En apprend-on plus dans l'histoire que dans des Mémoires? c'est une demande qu'on ne se fait plus; l'histoire est la façade des personnages, les Mémoires en sont l'intérieur. On admire une façade, mais on désire de pénétrer dans l'édifice. Là seulement on s'instruit des moindres distributions, de léur usage et de leur plus ou moins de valeur. Or donc, et d'après les principes de Walpole, n'exigeons pas que des Mémoires soient proportionnés comme une histoire suivie. Regardons celle-ci comme une reine superbe qui ne laisse tomber que de grandes phrases, et les autres comme des amis de collége qui causent familièrement avec nous, et ne nous privent d'aucun détail. La question est de savoir laquelle des deux lectures est la meilleure. Si Fontenelle n'a pas avancé une erreur quand il a dit que l'histoire est une fable convenue, les Mémoires ont gagné leur cause. Quoi qu'il en soit, ce paragraphe était indispensable en ce qu'il prépare le lecteur à la *domesticité* des sujets que je vais traiter. Je lui dirai même que les combats et les traités y seront à peine effleurés. Ces grands morceaux se trouvent partout, et je n'aime point copier les autres. Ce ne sont point, au surplus, la vie et le règne de l'usurpateur que j'écris; ce sont ses principes, ses passions, ses désirs, ses sophismes, ses fureurs et ses quintes; je veux, en un mot, *l'anatomiser* moralement, afin de faire connaître les plus petits ressorts de son individu.

L'entrevue de Joséphine et du général eut lieu chez Barras. Celui-ci posa d'abord les préliminaires, et quitta les deux amans pour leur laisser la faculté de s'expliquer plus librement.

J'aurais mauvaise grâce si, prenant la place de Napoléon, je narrais moi-même cette scène intéressante et curieuse. N'est-il pas plus sage de la rendre ici telle que je l'écrivis, pour ainsi dire, sous la dictée de celui qui en fut le héros principal?

« Croiriez-vous, Dangeais, me dit-il en sortant d'avec Joséphine, que c'est une singulière corvée que le premier tête-à-tête de deux individus qui se destinent l'un à l'autre. J'avoue franchement que je ne m'en serais jamais fait une idée. Je rougis encore de l'embarras dans lequel je me suis trouvé. Je n'ai momentanément été qu'un homme, et encore des plus faibles. Il est vrai que madame Beauharnais avait fait sur moi plus d'une forte sensation. Belle autant qu'une très-belle femme peut l'être à vingt-sept ans, cette dame réunit à l'aisance des manières cet air noble et grand qui ne serait déplacé nulle part, fût-ce même sous un diadème. Cette observation me ramena soudain à son horoscope, et je le crus à moitié accompli. Cette idée centupla ses charmes. La beauté, même idéale, marchait à sa gauche, et je demeurai convaincu que jamais l'astre du jour n'avait brillé sur une plus belle tête. Pouvait-il en être autrement? ma brûlante imagination broyait les couleurs, et mon ambition tenait le pinceau.

« Joséphine était assise près d'une croisée donnant sur le jardin; j'occupais un autre siége à sa gauche. J'étais sans idées et sans voix, lorsque tout à coup je réfléchis que mon silence pouvait lui donner une très-mauvaise opinion de ma personne et de mes moyens. Je frissonnai d'indignation contre moi - même. Inspirer du mépris à une femme...

lui mettre le dédain sur les lèvres...
c'en était trop. Soudain je me re-
trouvai, non point amant fade et
langoureux, broyant à l'eau rose l'expression des sentimens qu'il éprouve,
mais l'homme énergique, parlant
tour à tour le langage de la tendresse
et celui de la raison.

« Madame, dis-je à Joséphine,
moins ému près de vous, j'eusse
moins long-temps gardé le silence.
Puisse ce silence vous rendre compte
de ce qui se passe dans mon cœur,
et vous tenir lieu des éloges que
j'aimerais à vous prodiguer, si je
ne vous connaissais encore plus modeste qu'aimable. Veuillez me pardonner ce laconisme, et vous répéter
Il sait bien aimer et fort mal le dire.
Qu'ai-je, au surplus, besoin d'entrer dans de plus grands détails ? ne
connaissez-vous pas les motifs de

notre entrevue ? Si rien ne vous éloigne de l'union projetée, si rien en moi ne vous engage à reculer ce beau jour, faites-m'en l'aveu; laissez tomber des paroles de bonheur. Madame, le général en chef de l'armée d'Italie ose vous assurer qu'il ne tardera pas à travailler à vos prospérités, à votre gloire. Quant à vos jeunes enfans, dites-leur bien que vous leur donnez un bon père. Votre fils fera sous moi son apprentissage dans l'art des combats; et j'ose croire que, docile à mes leçons, il se classera quelque jour parmi les bons capitaines. » J'avais les yeux sur Joséphine; et, sans trop me flatter, je pouvais lire dans ses regards que la précision de mes aveux ne l'avait point offensée. «. Votre franchise, monsieur, me répondit-elle, me fait une loi de vous parler aussi sincèrement. Veuillez cependant vous contenter d'apprendre, que celui-là mérite, déjà mon estime et mon amitié, qui me promet de chérir ma jeune famille. M. Buonaparte, je vous lègue mon fils. Je veux son bonheur; je sais à qui je le confie. Trop heureuse serai-je si quelque jour ma tendresse et mes douces attentions vous récompensent des soins que vous lui prodiguerez. Vous pouvez maintenant, monsieur, fixer l'époque de notre union. »

« Cette réponse, comme vous pouvez le croire, a mis le comble à mon bonheur, à mes désirs : mais ce qu'elle a de plus précieux pour moi, c'est qu'elle m'a fait apercevoir un écueil que je soupçonnais à peine, dans lequel je me serais indubitablement perdu, et que je veux éviter à quelque prix que ce soit. Dangeais, vous allez me connaître tout entier. Je vais vous prouver que je suis plus que jamais à l'affût des sentimens qui pourraient énerver le grand caractère dont j'aurai besoin.

« Je vous ai dit que le tendre aveu de madame de Beauharnais m'avait enivré de joie. C'est, je vous l'avoue, ne m'expliquer qu'à demi, et rendre par de froides expressions le sentiment le plus vif que j'aie jamais ressenti, et qu'il faut, à compter de ce jour, que je ne ressente jamais. Emporté par une sensation bien douce, il est vrai, mais bien dangereuse pour les gens de ma sorte, j'ai laissé mes lèvres se coller sur les mains de la belle veuve. Quel feu s'est tout à coup glissé dans mon être ! quel main prodigue de grâces et de beautés en a tout à coup revêtu ma jolie prétendue ! J'ai cru soudain

que l'heureux mortel qui l'enlacerait
dans ses bras étreindrait toutes les
voluptés réunies. Si dans ce moment
j'eusse été le maître du monde, et
que l'aimable veuve m'en eût demandé la moitié en échange de plus
douces faveurs, je la lui aurais ac-
cordée et me serais cru son rede-
vable. *Je suais encore ce délire*
lorsque je rentrai chez moi : mais
là, les objets n'ont plus été les
mêmes. La raison au front sévère,
et l'ambition à l'œil perçant et aux
bras immenses, sont venues de con-
cert donner une autre direction à
mes esprits. La première m'a brusquement adressé ces mots : « Un
homme vraiment digne de ce nom
est toujours en garde contre les
amorces du plaisir : il apprécie une
belle, mais il ne se dépouille pas

de son bon sens pour la mieux admirer. »

« L'ambitiou est venue à son tour ;
ses reproches ont été d'autant plus
sanglans, qu'elle avait chargé le
dédain et l'ironie de me les signifier.
« C'est donc là, m'a-t-on dit, ce
cédre vivant, cet homme qui se croit
l'*alpha* de la création ? à l'en croire,
sultan des sensations humaines, il
leur jetait le mouchoir ou les repous-
sait à son gré : mais ce cher baptisé
se fait tort à lui-même. Il veut qu'on
lui croie un caractère ferme, dur,
insensible, une ame cuirassée contre
les aimables faiblesses de la vie, et,
cependant, c'est bien la meilleure
pâte d'homme qui soit sous la voûte
étoilée. Il a la douceur, la mollesse,
les petites inclinations d'un petit
mortel bénévole. Aussi n'aura-t-il
pas, comme il ne cesse de le dire,

2.   6.

de grands périls à braver pour atteindre à de hautes destinées. Il a
raison de se reconnaître, de se mo-
dérer, de sentir que celui-là qui se
décompose sous le poids d'un baiser
mis sur le bout des doigts d'une jolie
femme, serait de taille à porter la
queue de sa robe s'il en recevait quelques autres faveurs. Honneur donc
à celui qui, ne pouvant atteindre au
sommet d'un édifice, se contente
d'en habiter les caves. » Voilà, monsieur, les épingles que l'ambition
m'a intérieurement fait enfoncer
dans les chairs. Jugez si pareil supplice n'est pas de nature à me révolter
contre un penchant qui mettrait dans
le néant mes espérances et ma gloire.
J'aime les femmes, je ne puis plus
me le dissimuler. Si je mets une fois
les lèvres à la coupe de la volupté,
je l'épuise et me perds sans retour.

Non, non, Dangeais, je ne serai point le meurtrier de ma gloire et de ma fortune. Je défie maintenant le désir ; je le briserais contre la masse de mon ambition. Si des besoins physiques m'approchent d'une belle, je paierai ma dette à la nature, et soudain je repousserai ma compagne. Elle sera encore humide de mes baisers, que j'aurai perdu le souvenir de ses caresses. Volcan, en un mot, pendant cinq minutes, et de glace l'instant d'après, tel je serai.

« Quelque aimable que soit madame Beauharnais, je ne me départirai point de mon projet près d'elle. Au contraire l'exécution m'en paraîtra moins difficile. J'écarterai la jolie femme, mais ce sera pour converser avec la tendre amie. Je connais fort peu Joséphine, et cependant je suis presque certain que son mari pourra s'abandonner à ses lumières, et se régler quelquefois sur la sagesse de ses avis. Ce n'est pas que je veuille associer une femme à mes grandes tentatives. Loin de moi cette dégradante ressource; mais je mettrai au rang de mes distractions les petites confidences que parfois je ferai à ma compagne.

«M'avez-vous bien saisi, Dangeais? la contrainte que je m'impose, les efforts qu'il m'en coûtera, tout ne vous prouve-t-il pas que je me possède tout entier pour être tout entier à mes ambitieux projets? dites-moi, je vous prie, ce que vous en pensez. —J'applaudirais volontiers aux précautions que vous prenez contre un penchant, toujours dangereux quand il est poussé à l'excès; mais avouez que vous outrez ces mêmes précautions. Sans danger, croyez-moi, on peut presser une femme sur son cœur , et ne point la repousser froidement le moment d'après. Ce sera vous donner gratuitement un travers. —Ne craignez rien , cette réputation de rudesse me servira beaucoup plus que vous ne pensez. A l'abri de ce manteau , je pourrai impunément me livrer à quelques écarts si l'occasion et une force irrésistible m'en faisaient commettre ; car , en tout, sauver les apparences fut et sera toujours le point essentiel. »

Ce trait des mœurs de Buonaparte explique à merveille l'acerbité de ses procédés envers les femmes. Si plus d'une fois il les a brusquées, ce n'est pas qu'il ne fût sensible à leurs charmes. Peu d'hommes au contraire ont porté plus loin l'incontinence ; mais peu d'hommes aussi ont su, comme lui, donner le change sur leurs amours

et moins les ébruiter. Sous ce rapport il n'eut pas son maître, et s'il
en a transpiré quelque chose, on ne
doit point le lui reprocher ; je suis
presque certain qu'il fut trahi par ses
agens ou qu'il était de toute impossibilité que l'événement ne fût point
connu.

Napoléon n'eut pas plus tôt appris
à Barras les mutuels aveux qui avaient
eu lieu dans le tête-à-tête, que le
directeur prit des mesures pour que
cette union ne fût point différée. Les
deux amans furent en effet unis le
huit mars 1796. J'ai long-temps
suivi Buonaparte, long-temps il fut
soumis à mes observations ; néanmoins jamais je ne l'ai vu si radieux,
si naturellement satisfait qu'à l'époque
de son premier mariage. J'étais d'autant plus surpris de la sincérité de
son contentement, que, deux jours

avant la cérémonie, il m'avait juré que jamais il n'aimerait d'amour. Je crus sans peine à son serment, car, et quoi qu'il m'en eût dit, j'étais persuadé qu'il n'aurait pas besoin de faire de grands efforts pour n'être point parjure. Cette opinion me rendait inexplicable l'air de satisfaction répandue dans tous ses traits, et j'eusse été content d'en connaître le motif. Huit jours se passèrent dans cette curieuse inquiétude sans que rien vînt la satisfaire. Un soir, enfin, il me dit : « Avec mes provisions de général en chef de l'armée d'Italie, je reçus votre brevet de capitaine, et je vous garderai près de moi en qualité d'aide-de-camp. Vous savez toutefois que ce titre-là vous convient moins que celui de dépositaire de mes secrètes pensées. Oui, Dangeais, l'habitude vous a rendu nécessaire à mes épanchemens, et quel que soit mon avenir, vous seul les recevrez aussi complétement. Plutôt volontaire à mes côtés que mon aide-de-camp, vous serez toujours prêt à recueillir ce que je ne pourrai renfermer. » Je le remerciai sincèrement d'un emploi qui me convenait sous tous les rapports. « Grâce au ciel, ajoutai-je avec intention, tout sourit à vos vœux. La plus douce satisfaction perce dans vos moindres traits. Madame Buonaparte aurait-elle eu le pouvoir de vous faire oublier vos sermens et vos projets ? — Quoi ! mon ami, vous croiriez... désabusez-vous. Certes je suis heureux de posséder une telle épouse, mais cette épouse ne me possède pas. Quant à la satisfaction qui brille sur mon visage, si je voulais vous en apprendre la cause, il faudrait que, nouveau Candaule (1), je vous rendisse quelques instans un Gygès. Mais veuillez, sous ce rapport, m'en croire sur parole ; aussi-bien vous prouverai-je, peut-être avant peu, que je vous dis la vérité. Certes, si Joséphine continue à s'emparer délicieusement de mes facultés, j'incidenterai près le directoire pour qu'il accélère mon départ à l'armée que je dois commander. Je suis persuadé que cet éloignement me débarrassera d'un enthousiasme

---

(1) Candaule, roi de Lydie, était si fortement épris des beautés secrètes de son épouse, qu'il n'eut point de repos qu'un de ses officiers, nommé *Gygès*, ne l'eût secrètement vue dans l'état de pure nature. Cette imprudence coûta la vie au roi ; car la reine, instruite de cette affaire, le fit assassiner par ce même Gygès, qui le remplaça sur le trône de Lydie. (*Note historique.*)

dont la principale cause tient à la nouveauté de la possession. — Vous oubliez, général, que ce penchant n'en sera que plus vif à votre retour. — A mon retour... sachez, mon ami, qu'alors je serai un tout autre mortel; que, durci de gloire et constamment encombré de vastes pensées, je n'aurai que très-peu de place à donner dans mon cœur aux qualités de mon épouse. »

Je désirais au moins autant que Buonaparte de voir s'ouvrir une campagne dont il préconisait si hautement les succès. J'étais à cet égard d'un avis bien différent. Le délabrement des troupes françaises campées sur les sommités du Piémont semblait m'autoriser à penser ainsi. Aussi dis-je au général : « Craignez de trouver honte et revers où vous croyez rencontrer victoire et renom-

mée. Les troupes que vous allez combattre sont autrement organisées que
les sections de Paris. —Je serais
au désespoir qu'elles se ressemblas-
sent, me repartit vivement le général : *j'ai momentanément besoin
d'écraser de grands obstacles. Je ne
trouverais pas mon compte à marcher contre des troupes urbaines. Je
ne pourrais, au gré de mes désirs,
me déployer contre elles, les dis-
soudre énergiquement;* je n'oserais
les jeter par milliers sur la poussière. »

Napoléon n'eut pas besoin de
solliciter qu'on accélérât son départ
pour l'armée. Le même soir, et
lorsqu'il y pensait le moins, il fut
averti de se préparer à partir sous
trois jours. Le 24 mars, en effet, il
reçut ses instructions, et quelques

heures après nous sortîmes de la capitale pour nous rendre à Nice, où
nous arrivâmes sans y être le moins
du monde attendus.

———————

CHAPITRE VII.

Quoique Buonaparte n'eût resté que très-peu de temps auprès de son épouse, il était facile de remarquer qu'il avait perdu quelque chose de sa froideur et de sa taciturnité. Je crus même que ce léger changement était une conséquence des réflexions qu'il avait faites sur la nécessité de se faire des amis dans là nouvelle carrière qu'il allait parcourir. J'étais encore dans l'erreur; car à peine eut-il perdu la capitale de vue, qu'il redevint plus que jamais froid, sévère, dédaigneux et superbe. Au peu de nourriture qu'il prenait, et surtout au silence qu'il affectait, on eût dit qu'il vivait d'orgueil, et qu'il conversait avec ses présomptueuses espérances. J'en augurai que, de son poste de général en chef, il s'élançait déjà dans un avenir dont lui-même n'osait poser les bornes.

J'ignore quel caprice lui avait passé par la tête, mais dans le trajet de Paris à Nice, il ne m'avait pas adressé six fois la parole. Toutefois m'était-il aisé d'apercevoir qu'il souffrait de ce silence, et qu'il aurait volontiers suivi la conversation si, le premier, je l'avais entamée; mais, et afin de le dégoûter de pareils procédés à mon égard, je crus devoir l'imiter et garder le tacet.

La pièce était cependant chargée jusqu'à l'embouchure, et la détonation n'en pouvait qu'être prochaine. Elle eut, en effet, lieu le même soir de notre arrivée.

Napoléon, je le répète, eût été le plus discret des hommes s'il eût toujours su se contenir. Mais que de fois, impétueux guérrier et cauteleux politique, il laissa tomber ses secrets en présence du premier venu ! il est vrai qu'alors il ne s'appartenait plus. C'était un torrent qui, ne pouvant plus retenir ses eaux, brisait sa digue et les roulait impétueusement sur le premier terrain qui se trouvait devant lui.

Ces fougues lui étaient si naturelles, que, l'eût-il voulu, il n'était pas en son pouvoir de les réprimer. Combien de fois, après de pareils sorties, s'est-il arrêté tout à coup, et regardant avec surprise les personnes qui l'entouraient : *Quoi ! vous étiez-là ?* Alors le reproche qu'il se faisait intérieurement, perçait tellement sur son visage et dans ses moindres gestes, que le courtisan le moins habile ne pouvait s'y méprendre. Mais ce qui lui nuisait le plus en ces momens, c'étaient les efforts qu'il faisait pour donner le change sur ses indiscrétions. On le voyait soudain éclater d'un rire forcé, et s'écrier : « Avouez, messieurs, que je vous ai fait là de beaux contes ? ô comme un journaliste ferait sa pâture de ces billevesées ! il ne se dirait pas, « Je dois précisément écrire le contraire de ce que je viens d'entendre. » C'est en effet une singulière habitude que j'ai prise de rêver souvent le contre-pied de mes projets. » C'était bien en pure perte qu'il se battait ainsi les flancs ; il ne persuadait personne, quoique tout le monde eût l'air de le croire.

Si Napoléon était involontairement indiscret avec les autres, je laisse à

penser quels étaient ses épanchemens avec moi ! là, au moins, son
impétuosité ne lui extorquait pas ses
confidences ; là, au moins, ce
n'était pas toujours un volcan vomis-
sant des paroles de feu et sans liaison.
Avec moi, il caressait froidement le
sophisme et raisonnait ses rêves,
ses principes, ses erreurs, et jusqu'à ses haines.

Si quelqu'un me demande quel
but il se proposait en me décompo-
sant ainsi ses plus secrètes pensées ;
je repondrai : Buonaparte avait un
besoin indispensable de s'épancher
dans le sein d'un autre homme ; cet
homme devait être pour ainsi dire
son ouvrage. Vingt millions d'autres
que moi ne lui auraient peut-être
pas convenu ; et, s'il n'eût point
trouvé l'individu qu'il lui fallait sous
ce rapport, il était de force à faire

un trou dans le parquet de sa chambre pour y déposer les pensées qu'il
ne pouvait contenir. A ce puissant
motif s'en joignait peut-être un autre,
celui de puiser dans mes observations ce qui pouvait, ou rectifier ses
idées, ou grossir ses moyens de
réussite. Je ne garantirais pas toutefois l'existence de ce dernier motif,
et j'en donne ainsi la raison. Buonaparte était toute volonté ; il n'eut
des conseillers que pour la forme, et
pour se soustraire à la fatigue des
détails. Architecte inébranlable de
tous ses projets, si parfois il les
soumit à ses conseils, ce fut moins
pour les faire discuter que pour les
entendre applaudir. Ses ministres,
sans exception, ne doivent être
selon lui que des manœuvres plus
ou moins habiles à tirer parti des
matériaux qu'il mettait à leur dispo-

sition, se réservant bien en secret de ne point leur permettre d'en changer la forme et la destination. Cette ténacité malheureuse et coupable est d'autant plus digne de remarque, quelle est l'alpha et l'oméga des destinées de Napoléon. Elle est l'histoire de ses erreurs et de ses crimes ; elle est la cause primitive des guerres impolitiques qu'il entreprit ; elle a traîné notre jeunesse guerrière de Lisbonne à Moscou. Elle a brisé sa réputation, son trône, et restitué aux nobles héritiers de saint Louis le superbe héritage que la révolution leur avait enlevé.

Croirait-on que la moitié du sénat, de ses ministres, de ses généraux et de ses courtisans, étaient convaincus des résultats de cette intraitable ténacité ? aussi Carnot disait-il en 1811, et avec beaucoup d'esprit et de raison : « *Napoléon est un héros contre lui. Il se culbutera.* »

Pourquoi ces sénateurs, ces ministres, et autres personnes de rang et de mérite, ne réprimèrent-ils pas ce vouloir personnel, cet *il en sera ce que je veux*? Telle est l'objection qui s'imprime partout et que l'on devrait n'avoir jamais imprimée. Je compare ceux qui la font à des gens qui, du rivage, diraient au pilote d'une barque entraînée dans un impétueux torrent : « Allez doucement, arrêtez-vous. » Buonaparte était précisément ce torrent impétueux, et ses ministres les pilotes. Ils furent nécessairement entraînés, et des milliers d'autres l'eussent été de même.

Cette assertion trouvera probablement des adversaires. Cela doit être au sortir d'une révolution. Mais je ne balance pas à dire que ce seront, ou des victimes de l'usurpateur, ou des gens de mauvaise foi, ou des imbéciles.

S'il fut des hommes faibles ou coupables, ce furent ceux qui le nommèrent premier consul. Mais qui n'aurait cédé aux puissans motifs dont ils étaient circonvenus? Napoléon avait pour lui ses débuts, ses victoires, et les calamités de la patrie. Pouvaient-ils prévoir, ces mandataires d'un peuple macéré de souffrances, harassé de fluctuations politiques, et tout en espérances dans un meilleur avenir, pouvaient-ils prévoir qu'un simple soldat, fils d'un simple bourgeois, qu'un jeune homme sans fortune, nourri du pain des rois, et seulement riche des circonstances, ne se contenterait pas d'être le premier magistrat du premier peuple du monde. Il était d'un dieu et non pas d'un homme d'analyser les élémens entrés dans la construction de ce fougueux mortel, et même de les soupçonner. Quel étonnement aussi dut être le leur, lorsqu'ils virent ce même soldat les mettre dans l'impossibilité de s'opposer à ce qu'il se proclamât leur maître. Eussent-ils entrepris cette opposition, que, victimes de leur dévouement, ils n'auraient laissé que de stériles regrets.

Fut-ce quand ils le virent s'asseoir sur le trône de Louis-le-Grand qu'ils durent s'opposer à ses ambitieux projets ? alors il n'était plus temps, et cela depuis long-temps. Du jour où Napoléon fut proclamé premier consul, ministres et cours souveraines eurent un maître, contre les volontés duquel il eût été dangereux et complétement inutile de résister. Toute la France en était justiciable; et l'ambition des uns, réunie à la pusillanimité des autres, l'avait entouré d'exécuteurs dévoués à ses ordres.

Je me suis d'autant mieux étendu sur ce sujet, que, témoin oculaire des événemens, j'ai porté le flambeau de la réflexion dans les moindres détails. Puissent ces assertions impartiales mettre fin aux bordées accusatrices journellement dirigées contre des hommes qu'entraînèrent des événemens aussi difficiles à prévoir qu'à franchir! Puissent ces délateurs éternels se ressouvenir de la maxime d'un philosophe Indou : « *Qui dit trop, il fallait bien faire, eût fait plus mal.* »

Maintenant qu'une main légitime et paternelle se consacre à nettoyer notre horizon politique, que nous servirait-il de rétrograder sur nos orages, et d'en signaler les élémens, le plus souvent sans les connaître? Dans l'état actuel des choses, ces réminiscenses ne sont pas seulement des erreurs, mais bien encore des crimes susceptibles de reculer nos prospérités.

Cette digression, qui par l'intérêt qu'elle comporte ne saurait être un hors-d'œuvre, a encore le mérite d'apprendre au lecteur que Buonaparte, tout en consultant les personnes qu'il affublait du titre de conseiller, était secrètement décidé à ne suivre aucun de leurs avis. Si quelques-uns de ceux qui l'approchèrent eurent occasion de se convaincre de cette vérité, il n'appartenait qu'à Regnault-d'Angely d'en faire une aussi humiliante épreuve, et voici comment.

Lors du blocus continental, différentes villes maritimes adressèrent à Napoléon plusieurs mémoires contre le système dévastateur qui pesait beaucoup plus sur elles que sur l'Angleterre. Quelques princes, entre autres son frère Louis, roi de Hollande, lui déclarèrent positivement que, sous ce rapport, ils ne persécuteraient point leurs sujets. Buonaparte, toujours intérieurement décidé à ne rien changer à son plan de prohibition générale contre l'Angleterre, et néanmoins fatigué des plaintes qui lui parvenaient de toutes parts à ce sujet, imagina d'amuser les réclamans par de vaines promesses. Voici, pour atteindre ce but, ce qu'il écrivit à son frère Louis.

Mon Frère et Roi,

J'ai pris connaissance du Mémoire que vous m'avez fait remettre par votre ambassadeur, relativement aux pertes que, suivant vous, le blocus continental fait éprouver à vos peuples. Je pourrais facilement vous convaincre que leurs privations ne sont tout au plus que momentanées, et qu'un jour ils en seront amplement dédommagés par le coup mortel que je porte au commerce de l'Angleterre. Néanmoins, comme les peuples ont une tête de fer contre les grandes vérités, je vais faire travailler mon système de prohibition sur un plan moins sévère, et plus en faveur de ceux qui se croient lésés.

Cette lettre n'étant à d'autres fins,

je prie Dieu qu'il vous ait, mon frère, en sa sainte et digne garde.

NAPOLÉON.

Au palais des Tuileries, ce 22 septembre 1806.

Cette lettre, comme on peut bien le croire, n'avait d'autre but que d'apaiser le roi Louis et ses malheureux sujets. Sachant, néanmoins, combien son frère était en garde contre ses promesses, il les appuya par des ordres donnés à M. Regnault-d'Angely, en présence de l'ambassadeur de Hollande.

« Monsieur le comte, dit-il à Regnault-d'Angely, mon système de blocus continental, tout excellent et décisif qu'il soit en lui-même, pèche dans ses applications. S'il faut en croire le roi de Hollande et quelques autres souverains, l'effet en retombe plus particulièrement sur

les peuples que sur l'Angleterre ,
contre qui je le voudrais entièrement
dirigé. Il faut nécessairement chercher quel est le vice de ce système ,
et me rédiger , sous ce rapport , un
Mémoire où toutes les chances soient
balancées , où le remède soit mis à
côté de l'observation. Pourvu que ce
soit un blocus , je vous laisse libre
des moyens d'exécution , dussiez-
vous abroger tous les détails du
système maintenant en vigueur. Mon
but n'étant point d'affliger mes alliés ,
mais bien de les soustraire à la do-
mination anglaise , je vous saurai
gré de tout ce que vous pourrez
faire qui puisse remplir mes vues
à ce sujet. Entourez-vous des conseils et des documens nécessaires ,
et remettez-moi votre travail le plus
tôt que faire se pourra. »

Des intentions aussi bien exprimées, des ordres aussi positivement donnés en présence de plusieurs personnes, la plupart étrangères, pouvaient-ils laisser soupçonner que celui qui parlait ainsi ne pensait pas un seul mot de ce qu'il disait? Je ne le crois pas; et pareil soupçon est hors de toute probabilité. Aussi tout le monde fut-il sa dupe. Les agens des puissances étrangères s'empressèrent d'instruire leurs cours respectives de cette importante nouvelle. On crut même que Buonaparte, rendu à de plus doux sentimens envers l'Europe, finirait par se désister totalement de son système de blocus continental; croyance appuyée par l'impossibilité d'améliorer ce système dévastateur du commerce en général.

Des nombreuses dupes que Napoléon venait de faire, il n'en était point de plus satisfaite que M. Regnault-d'Angely. La tâche que lui confiait son maître était superbe et digne d'un homme de bien. La cause de l'humanité venait, pour ainsi dire, d'être remise entre ses mains. Divers agens des puissances étrangères lui fournirent d'excellens Mémoires; quelques-uns le visitèrent au nom de leurs souverains, et l'engagèrent à ne rien ménager pour améliorer le sort des peuples soumis aux lois du blocus.

Quiconque sait de quelle dose d'amour-propre était pourvu M. Regnault-d'Angely, peut se faire une idée de ses secrets sentimens. Alors plus que jamais il se crut un grand homme d'état. Cette opinion, je l'avoue, pouvait naître de la préférence qu'il obtenait sur certains personnages dont les connaissances l'emportaient de beaucoup sur les siennes, et particulièrement dans la partie qui lui était confiée. Quoi qu'il en fût, l'opinion de sa supériorité servit admirablement ses connaissances naturelles, et huit jours après la demande que lui avait faite Napoléon, il lui remit un Mémoire fort bien pensé dans le sens de l'intérêt général.

Quoique j'aie lu ce Mémoire à la hâte, et pour ainsi dire subrepticement, j'ose assurer que, si celui qui l'avait commandé n'avait été le plus tenace et le plus obstiné des hommes, il est de fait que le commerce eût vu disparaître la plus grande partie des chaînes qui pesaient sur lui.

L'intention première de l'auteur avait été de présenter son Mémoire imprimé; mais son maître le lui

avait expressément défendu, allé-
guant qu'avant tout il voulait en
connaître.

J'étais près de Napoléon lorsque
M. Regnault lui présenta son manuscrit, fermé seulement d'une bande-
lette en papier, cachetée sur la cou-
verture. Qui rendrait bien la figure
des deux personnages, serait, je
pense, un habile homme. Dans les
traits de M. le conseiller était ce je
ne sais quoi qui est plus que de
l'amour-propre, et qui n'est pas de
l'orgueil mis à découvert. C'était à
peu près une volonté déguisée de
dire : « Je vous offre un chef-d'œuvre ;
je suis votre premier homme d'état,
ne l'oubliez pas. » Quant à Buonaparte, son rire pincé, faux, et demi
sardonique, semblait vouloir faire
entendre que le courtisan était bien
sot de le croire capable de se régler

sur des conseils écrits d'une autre main et sortis d'une autre tête.

M. Regnault aurait bien désiré que Buonaparte eût pris sur-le-champ connaissance de l'œuvre qu'il lui présentait ; mais ce dernier, qui prévoyait ce désir, et qui pensait à tout autre chose qu'à le satisfaire, dit à l'auteur : « M. le comte, voilà sans doute quelque chose de bien pensé, de solide ? Je verrai cela, seul ; j'ai besoin de suivre mot à mot ; je ferai mes observations en marge, et nous concerterons ensemble les moyens d'une prompte exécution. Surtout n'en parlez à personne. »

Le diplomate, tout au plus satisfait du délai, se retira jusqu'à ce qu'il plût à son maître de se prononcer sur le travail dont il l'avait chargé.

A peine était-il sorti, que Napoléon

me dit : « Cé pauvre diable aurait bien voulu autre chose. Où va-t-il aussi me remettre au bout de huit jours des écritures que je ne lui aurais pas demandées dans dix ans ? En vérité, et tant mieux, ces gens-là ne me connaîtront jamais. »

Je laisse à présumer les réflexions que me fit faire cette dédaigneuse indifférence pour le zèle de ses premières créatures. Tout autre que moi eût fait son profit d'une pareille leçon ; aussi ne l'ai-je jamais oubliée.

Trois mois se passèrent sans que M. Regnault entendît parler de son Mémoire. Ces angoisses étaient d'autant plus cruelles, que journellement on l'obsédait de demandes à ce sujet. Un jour enfin qu'il était dans le cabinet de Napoléon, il s'enhardit à lui demander ce qu'il pensait de son travail. « Ne m'en parlez pas, lui

fut-il répondu ; chaque page est un
abîme de réflexions, et je suis des
jours entiers à méditer deux ou trois
paragraphes ; de là de nombreuses
observations que je porte en marge.
Cela veut du temps, et je tiens à le
faire par moi-même : vos excellentes
idées en recevront une meilleure
application. »

Ces assurances réconfortèrent
M. Regnault, qui crut, comme au-
paravant, que son Mémoire le mettrait au rang des premiers politiques
de l'Europe. L'huissier de la chambre
annonça dans le moment MM. Montalivet et Boulay de la Meurthe, et
la discussion s'ouvrit sur un autre
sujet. Il s'agissait, je crois, du
Hanovre que la Prusse convoitait
secrètement. « J'ai là, dit Napoléon,
des réflexions de M. Lombard, conseiller prussien, qui jettent un grand

jour sur cette affaire. M. Regnault,
voyez, je vous prie, dans ces papiers,
là, derrière, vous trouverez cela. »
Le conseiller obéit et cherche. Tout
à coup il recule de surprise; devient
pâle, et n'a que le temps de prendre
un siége. Boulay veut appeler du
secours. « Non, dit le conseiller en
se relevant aussitôt, ce n'est rien : parfois il me prend de pareilles faiblesses,
mais cela se passe tout de suite. »
Qu'avait-il donc vu, ce M. Regnault?
Eh bien! c'était tout simplement son
Mémoire, tel qu'il l'avait présenté,
c'est-à-dire, encore sous la bande-
lette, et le cachet parfaitement
intact. On n'avait point touché à ce
précieux manuscrit.

Que faisait cependant Napoléon,
qui, en apercevant le Mémoire, fut
au fait de ce dont il s'agissait? Il
souriait entre cuir et chair, et disait

à son conseiller : « Ressemblez-vous par hasard aux petites maîtresses? Seriez-vous sujet aux vapeurs? Comte, ce n'est pas ainsi qu'un homme d'état est constitué, il doit être de fer. »

M. Regnault sentit probablement toute la force de cette piquante ironie ; mais, sage autant que courtisan, il se garda bien d'en témoigner son mécontentement, et surtout de reparler de son Mémoire. Trop heureux se crut-il de ce que MM. Montalivet et Boulay ignorèrent toujours cette singulière mystification. Ces détails m'ont été transmis par le principal auteur, qui ne les raconta jamais sans en rire aux éclats.

En narrant cette singulière anecdote, qui, sans trop m'écarter de mon sujet, convient parfaitement à ces Mémoires, j'ai démontré le degré

de confiance que Buonaparte avait
en ses ministres et conseillers, et
le cas qu'il faisait de certains écrits,
toujours demandés avec instance,
pour ensuite n'être d'aucun usage.

S'il a montré quelque prédilection
pour M. Regnault-d'Angely, ce
n'était pas parce que ce courtisan
lui donnait des conseils, mais bien
parce qu'il trouvait en lui plus de
complaisance pour ses projets, plus
d'adulation qui n'avait pas l'air d'en
être, plus d'aptitude à partager ses
idées, et plus d'art à les lui présenter
comme des conceptions sublimes.
J'ai vu souvent l'adroit Regnault
combattre d'excellentes idées de Napoléon pour lui procurer le plaisir
d'avoir raison d'une manière victorieuse. Ce grand moyen, le *nec
plus ultrà* de l'art du courtisan, et
souvent copié par MM. C......y,

M...t, C.........t, etc., etc., fut le principal ressort qui les enfonça si avant dans l'estime de leur maître et seigneur ; aussi ce dernier disait-il à Berthier : « Je ne sais comment cela se fait, je m'entends à merveille avec M...t et C...,...y ; mais si par hasard je converse avec cet hypo-condriaque de La......is, ou il ne sonne mot, ou il est d'avis contraire au mien. Voulez-vous savoir à quoi visent ces Don Quichottes d'intégrité? A faire *bande à part* pour mieux se mettre en évidence, et rien de plus. Qu'opèrent-ils, maintenant que le *purisme* en tout, et principalement en politique, n'est plus que d'un songe-creux ? En vérité, c'est suer sang et eau et se faire mal venir pour bien peu de chose. » Qui ne reconnaîtrait, à cette saillie, que pour hasarder des conseils près de lui, il fallait ou le répéter, ou garder le silence?

J'ai cependant souvent fait exception à cette règle. Bien des fois je me suis permis de lui représenter vivement l'inconséquence de ses projets et les écarts de sa politique. Mais observons que, pour en agir ainsi, j'avais l'ancienneté d'une liaison peu commune, la liberté que j'avais insensiblement prise dans le tête-à-tête avec lui, l'obscurité dans laquelle il m'a toujours tenu, et surtout le caprice d'avoir au moins un homme en France dans la bouche duquel il pût saisir quelquefois la vérité, sans être obligé d'en punir l'indiscrétion.

Si ces motifs ne sont pas les seuls qui me livrèrent les plus petits secrets de son cœur, je me bornerai à dire que la confiance plus qu'extrême qu'il m'a témoignée était une des plus grandes bizarreries de son caractère ; bizarrerie qui, pour des raisons à lui seul connues, ne le quitta qu'à l'extrémité.

J'ai dit au commencement de ce chapitre que Napoléon, silencieux pendant toute la route, étouffait de pensées en arrivant à Nice. Je ne pouvais avancer une plus grande vérité ; car à peine fûmes-nous seuls, que, se jetant sur un siége, il s'écrie : « Grâce à Dieu, me voici donc hors de la capitale ! Dangeais, vous ne soupèseriez jamais le fardeau qui n'est plus sur mon cœur. Quel sort, naguère était le mien ? j'étais sous le sceptre de cinq maîtres de ma façon (1) ; car enfin, sans mon éner-

____

(1) Les cinq directeurs ne pensaient pas probablement ainsi ; et, suivant moi, ils

gie au treize vendémiaire, Barras et consorts eussent peut-être, au lieu d'un trône dictatorial, trouvé l'exil ou la mort. Oh qu'il est pénible d'être l'instrument de l'élévation d'un homme quand on ambitionne de dominer sur ses concitoyens! Mais enfin, il faut des gradations en tout, et voilà ce qui me désespère. Croiriez-vous, mon ami, que ce directoire et ces conseils ne me font pas même l'honneur de soupçonner mon ambition! Ah! que je me vengerai bien de cette insulte! Je ne suis plus sous leurs yeux, et je vais, *à quelque prix que ce soit*, mettre un torrent de

---

étaient plus autorisés à se croire les protecteurs de Napoléon, que ce dernier à se proclamer l'auteur de leur puissance. Ce trait de sa part le fera reconnaître partout.

renommée (1) entre leur puissance et l'usage qu'ils pourraient en faire contre moi. Il est vrai qu'ils ne me donnent que des hommes et pas d'armée, mais je saurai tout créer, soldats et succès. Il en coûtera sans doute à certains pays, à quelques individus, c'est une règle : qu'ils prennent au surplus le moyen d'y faire exception. Je ne les en empêche pas ; les obstacles n'ont rien qui m'épouvante. »

Là, Buonaparte garda le silence pendant quelques minutes, puis, et comme par réminiscence, il reprit : « J'ai cependant beaucoup de besogne à faire. Je vais d'abord commencer par mes généraux, et j'ai le plus grand besoin de connaître tous les

____

(1) S'il eût dit, « un torrent de sang, » il se fût beaucoup mieux exprimé.

élémens dont ils se composent. J'ai mille moyens pour atteindre ce but, moyens que peut-être vous ne soupçonnez pas. — Il se peut, général, que je ne les connaisse pas tous; mais avouez au moins que deux des plus essentiels seront d'obtenir leur confiance et de vous en faire aimer. Ce ne sont point des débutans à qui vous allez avoir à faire. Leur gloire est antérieure à la vôtre. N'oubliez pas que des hommes tels que Berthier, Masséna, Dallemagne, Rampon, Cervoni, Augereau, la Harpe et plusieurs autres, ne s'accoutumeraient pas à vos manières brusques et tranchantes. Aussi suis-je persuadé que vous allez être un tout autre mortel. — A vous entendre, mon cher ami, il faudrait que, demain matin, j'allasse humblement chez chacun d'eux leur faire des protestations d'amitié, réclamer leur indulgence, célébrer leurs exploits, m'avouer insuffisant à les diriger, et mendier leurs suffrages ? Dangeais, vous ne changerez pas ; vous serez toujours un très-petit atome dans l'art de se placer grandement dans l'opinion des hommes. La renommée m'a donné, à peu près, la carte des officiers supérieurs qui vont commander sous mes ordres. Ces mortels n'ont rien de commun avec moi. Leur ambition n'est que celle d'un général, et la mienne est de la toute-puissance désirée à tout prix. Ils sont de plus mes aînés dans la carrière. Leurs titres sont évidens, les miens sont à créer. Je suis certain qu'ils ne me regardent que comme un parvenu, un simple protégé du gouvernement que peut-être en secret ils méprisent. Comment échapper à ces présomptions, à ces

répugnances, et me placer noblement
dans l'esprit de ces militaires? Sera-
ce en me présentant comme un autre
homme? Malheureux, je me perdrais!
Ah! que je sais bien mieux comment
il faut faire impression ! Mon abord
doit être noble , imposant , et fier ,
mon accueil honnête et mesuré; mes
manières hautes , grandes , doivent
leur annoncer tout de suite un être
supérieur, un homme enfin digne
de leur commander. Croyez-moi,
mon ami, je saurai opérer tout cela.
N'ai-je pas encore, pour les enchaîner
à mes ordres, les riches contrées que
je vais conquérir? Ces guerriers ne
sont que des hommes, et la plupart
n'ont que la cape et l'épée. Moins
coupables et plus heureux que les
parvenus qui maintenant disposent
des trésors de l'état, ils pourront
s'écrier, comme le vainqueur de Dé-

nain (1), Grâce au ciel nous n'avons jamais rien pris qu'à l'ennemi. O mon ami ! que cette facilité à se récompenser de leurs travaux va les attacher à moi ! et la rapidité de mes succès, et les promesses brillantes que je laisserai tomber de temps à autres, et l'intérêt qu'ils présumeront trouver à me suivre, n'en voilà-t-il pas plus qu'il n'en faut pour ne point descendre à de l'humilité, à de la modestie, vertus froides et ennemies des grandes espérances ? Demain donc que mon état-major se présentera devant moi, l'expérience vous prouvera la bonté de ma méthode. »

Depuis bien des années je recevais les épanchemens de Buonaparte, et cependant je ne l'avais encore jamais vu si plein de son sujet, si animé, si

____

(1) Le maréchal de Villars.

suivi dans son raisonnement. Ce n'est pas qu'on eût manqué d'objections à lui faire ; mais l'air d'assurance avec lequel il exposait ses projets, vous imposait la loi d'attendre que les événemens vinssent lui prouver que sa logique était bonne ou mauvaise.

CHAPITRE VIII.

Le lendemain de son arrivée à Nice, Buonaparte fut visité par tous les officiers supérieurs qui résidaient alors dans cette ville. Je suis sûr que sur le théâtre où l'homme représente, il n'est pas de scènes comparables à ces visites qui se succédèrent pendant quelques jours sans interruption : tous les acteurs étaient à peu près mal prévenus en faveur de l'acteur principal. La jalousie, la haine et le dédain les amenaient auprès de lui ; et cependant tous ces sentimens, coupables chez d'autres, étaient naturels, je dirais même justes, chez des militaires blanchis

sous la cuirasse et vieux d'honora-
bles périls. Figurez-vous, s'il est possible, Masséna, Rampon, Augereau,
en présence d'un Corse parvenu à
les commander pour avoir rasé quelques murailles à Toulon et mitraillé
quelques pauvres diables de Parisiens
sur les degrés de Saint-Roch. Car enfin c'étaient à cette époque tous ses
exploits. Il est donc plus que certain
que si tous ces hommes eussent eu
l'initiative, Moscou serait intacte, et
Kalmouks, Koubans et Cosaques,
n'eussent point été transportés des
bords de la mer de Zabache et de
ceux du Volga aux rives enchantées
que borde la Seine.

Quand je réfléchis à l'incompatibi-
lité qui devait exister entre le général
de l'armée d'Italie et les officiers supérieurs soumis tout à coup à ses ordres, je ne puis m'empêcher de dire :

Ou l'existence terrible de cèt homme était écrite au livre des destins, ou toutes probabilités raisonnables sont exposées à devenir fausses.

Il est vrai que, pour plier à son commandement de fraîche date ces guerriers qui toujours voient le mérite dans les exploits ou dans les années de services, Napoléon eut besoin de se métamorphoser autant de fois qu'il eut de personnes à séduire. Je ne crois pas que, sous ce rapport, l'hypocrisie en personne s'en fût mieux acquittée. Néanmoins, sa souplesse, ses grimaces, sa pantomime en un mot, furent constamment marquées au coin de la présomption et de la sévérité. « Messieurs, dit-il aux généraux Dallemagne et Rampon, je sais ce que vous avez fait ; de là le noble espoir que vos lumières réunies à mes connaissances militaires, nous auront bientôt portés au cœur de l'Italie. Quant à la discipline, généraux, officiers, soldats, en donneront l'exemple et me trouveront toujours impitoyable sur cet article. »

Qui croirait maintenant que de pareilles expressions n'ont point éloigné de lui des hommes qui certainement avaient droit à quelque chose de plus modéré? c'est cependant ce qui arriva. Tout ce qui l'entourait prit sa jactance pour de la dignité, et ses présomptions pour une noble confiance en son génie. Généraux et soldats, complétement ses dupes, s'accoutumèrent insensiblement à l'âpreté de son caractère, et dès-lors il fut en état de tout entreprendre.

Quinze jours furent employés à réorganiser l'armée et son matériel. Sur certaines promesses qu'il fit aux troupes, le soldat, qui manquait de

tout, n'osait s'en plaindre dans l'espoir de butiner sur les riches pro-
vinces de la Lombardie. Quels que
fussent cependant les moyens qu'il
avait alors à sa disposition, s'il n'eût
été le plus inhumain des hommes,
il est plus que probable que ses
succès auraient été beaucoup moins
rapides.

Une foule d'auteurs étrangers et
français ont écrit sur les causes des
succès militaires de Napoléon : tous
se sont perdus plus ou moins dans de
longs raisonnemens, tandis que dans
un court paragraphe ils pouvaient
terminer la question.

Moins proche de Buonaparte,
moins attentif à le suivre dans ses
plus secrètes pensées, comme un
autre j'aurais pu me tromper sur ses
succès et les attribuer uniquement à
son génie militaire; mais non : j'étais

présent, j'observais, et je recevais quelquefois de terribles aveux. Dussent des milliers d'individus réfuter l'assertion suivante, je ne l'écrirai pas moins. Elle est aussi vraie que Dieu, et j'en appelle au genre humain impartial et de sang-froid.

Le principe de la gloire de Napoléon, la base fondamentale de ses triomphes, furent son insensibilité naturelle et son mépris pour l'espèce humaine. Tout ce qu'il fit est là, le reste n'en est que l'accessoire. A Dieu ne plaise que, par cette définition, je veuille ravir aux généreux guerriers qui le suivirent, le prix de leur courage et de leur intrépidité, une gloire immortelle ! Non : j'ai l'honneur d'être Français ; et, des champs de Steinkerque, de Nerwinde et de Fontenoy, mes souvenirs s'arrêtent glorieusement sur ceux de Marengo, de

Wagram et d'Iéna. Là ce furent toujours des Français, des braves par excellence.

Un Buonaparte plus sage et plus humain eût certainement fait à cette époque de très-grandes choses avec des soldats Français déjà familiarisés avec les dangers des combats. Ces grandes choses, cependant, il les eût faites avec plus de circonspection et moins rapidement. Il n'eût point couru droit au péril et sacrifié des milliers d'hommes pour forcer un poste insignifiant ou pour enlever une bicoque de nulle importance. Mais non : le général de l'armée d'Italie n'était pas constitué de manière à dire comme un de nos célèbres généraux (1). « Je puis écraser ces

____

(1) Moreau, devant Biberac. Si c'eût été Buonaparte, l'Europe eût compté sept mille habitans de moins.

quatre mille Allemands, mais il m'en coûtera trois mille Français. Suivons-les ; manœuvrons ; et dans huit jours je les aurai sans qu'il m'en coûte dix hommes. »

La campagne n'était point encore commencée que je pressentais une partie des terribles moyens militaires que le général en chef mettrait en usage. Nulle confidence, il est vrai, ne m'avait été faite à cet égard ; mais je sus à quoi m'en tenir d'après quelques - unes de ses observations au conseil de guerre qu'il assembla le 1er avril 1796, cinq jours avant le commencement des hostilités en Italie.

Dans ce conseil, où, je ne sais trop pourquoi, très-peu d'officiers supérieurs furent appelés, on discuta beaucoup sur le genre de la guerre qu'on allait entreprendre.

Quelques généraux, entre autres

Rampon et Cervoni, voulaient l'approprier momentanément au terrain. Il fallait, suivant eux, descendre prudemment les gorges en corps séparés et sur une ligne très-étendue. « Cette multiplicité d'attaques, disaient-ils, rendra incertains tous les mouvemens de l'ennemi, et disséminera les forces qu'il a placées sur quelques points. Aussitôt en plaine, tous nos mouvemens se dirigeront vers une jonction générale. »

Napoléon écoutait silencieusement et ne disait mot. Je lisais néanmoins dans tous ses traits qu'il attendait l'occasion pour parler. Ce fut le général Rampon qui la lui offrit, en disant : « Nous ne pouvons agir avec trop de circonspection. Nous avons en tête des généraux expérimentés et blanchis sur le sol qu'ils défendent. Baulieu, Kray, Merfeld, Landon et

Bellegarde ne sont pas des militaires susceptibles de prendre aisément le change. Vétérans des combats, ils ne négligeront aucun moyen de résistance. » Buonaparte prit alors la parole, et dit : « Tout en rendant justice à vos lumineuses observations, souffrez, messieurs, que je vous expose de nouvelles idées. L'art du guerrier, croyez-moi, est encore dans ses langes. Depuis des siècles on fait la guerre théâtralement et à l'eau sucrée. Le temps n'est plus de se donner des rendez-vous, et de dire poliment et chapeau bas aux ennemis : Messieurs, *tirez; nous ne tirons jamais les premiers* (1). Ces fadeurs

____

(1) Buonaparte fait sans doute allusion à la bataille de Fontenoy. Là, le capitaine des gardes anglaises ayant crié : *Messieurs des gardes françaises, tirez.* Il lui fut répondu :

de cercles qui font d'une bataille un duel en champ clos, doivent disparaître sous le poids des grands intérêts qui maintenant mettent les armées en présence. Sabrer son ennemi, se rouler comme un torrent sur ses phalanges et les coucher dans la poussière, c'est rendre la guerre à son état primitif. Tels se précipitaient Alexandre et César. De vieux généraux bien expérimentés vont, dites-vous, m'être opposés? Tant mieux, messieurs, tant mieux. On ne gagnera pas contre moi des batailles avec de l'expérience. Ces vétérans en tactique, je vous le jure, brûleront leurs livres, et ne s'y reconnaîtront plus. Je conduirai moins mes divisions comme des corps armés que comme

---

Nous ne tirons jamais les premiers ; tirez vous-mêmes.

des torrens capables de tout entraîner. On tombera peut-être en plus
grand nombre, mais on arrivera plus
rapidement au but. Qui aborde mol-
lement perd moins tout de suite, mais
perd plus souvent et plus long-temps;
cela revient au même. Mon système
est, au surplus, tout en faveur du métier ; il fera de tout soldat un brave.
Quiconque est impétueusement lancé
n'a pas le temps de réfléchir et fait
merveille. Oui, messieurs, les débuts de l'armée d'Italie feront époque. Nous aborderons comme la
foudre , nous frapperons de même.
Nos ennemis, déconcertés d'une tactique qu'ils n'auraient osé ni concevoir, ni mettre à exécution , fuiront
devant nous comme les ombres de
la nuit devant l'éclat majestueux du
soleil. »

Comment se fait-il qu'un tel dis-

cours ait trouvé des apologistes ? Que
ne puis-je m'en expliquer franchement ! Je voudrais en pareil cas être
totalement étranger à son auteur,
pour ne point être suspecté d'ingra-
titude. Quoi qu'il en soit, je suis persuadé que le sage et l'homme impartial mettront de tout temps ce discours au rang de ceux qui furent
pensés sur les bords de la Garonne.
Qu'aurait en effet dit de plus un fier
à bras de Pézénas ? L'expérience, me
répondra-t-on, a néanmoins justifié
sa harangue et ses jactances ; d'accord : mais n'était-il pas un style plus
noble, plus sage, pour exposer ses
idées et ses projets ? N'était-il point à
craindre pour lui que son excessif
amour-propre ne blessât celui de ses
généraux, et l'en fît regarder comme
un fougueux jeune homme qu'il serait dangereux de seconder ? Ces in-

conséquences, il est encore vrai, qui auraient ruiné les affaires de mille autres, n'ont eu pour lui que de brillans résultats. D'où je conclus ; et ce n'est pas justifier les moyens employés par Buonaparte, qu'il devait être ce qu'il fut. Le ciel n'a-t-il pas plus d'un moyen de vengeance contre nous ?

La chaleur et l'impétuosité avec lesquelles il s'était exprimé avaient probablement étourdi son auditoire, car il ne fut fait aucune objection contre le système qu'il préconisait avec tant d'assurance. Masséna même, stupéfait de ce qu'il venait d'entendre, gardait un silence qui n'avait rien d'improbateur. J'appris seulement, quelques jours après, que le général Rampon avait dit, en sortant du conseil : « Si les Corses sont des

Gascons, en voici un qui taillera des croupières au gouvernement. »

Tout en improuvant la fougue et le style avec lesquels Napoléon venait d'exposer son plan, je n'y trouvai pas moins l'assurance des grandes destructions qu'il allait commander. « Que pensez-vous, me dit-il, de ma conduite au conseil ? — Qu'il eût valu tout autant ne pas l'assembler et donner vos ordres. — Non pas, monsieur, non pas. S'il est vrai que je ne venais point y chercher des conseils, il n'en est pas moins constant qu'il était de mon intérêt d'y prouver que je savais concevoir *un grand genre d'opérer*. Comment se fait-il que vous n'approuviez point ce que j'ai fait et dit hier ? Tout cela était pourtant beau, grand et neuf ! J'en suis enchanté, et ma journée me vaut une victoire. — Et moi, je craignais qu'elle ne vous valût une défaite. Je ne discuterai point votre système homicide et de non-ménagement ; ce serait de bonnes raisons et du temps perdu, vous ne rétrogradez pas, tort ou raison ; mais souffrez que je vous dise qu'il eût été dans les bienséances d'exposer plus décemment et vos principes et vos projets. Soyez un moment de bonne foi : nous sommes seuls; dites-moi si Condé, Turenne et Villars se seraient exprimés ainsi...?—Arrêtez, Dangeais, ou vous êtes secrètement mon ennemi, ou votre peu de sagacité vous place à mille lieues de mon étonnante position. Que peut-il y avoir de commun entre Condé, Turenne, Villars et moi? Ils avaient pour eux naissance, fortune et renommée ; et moi j'ai tout cela à me créer. Parlaient-ils au conseil, le nom et l'éclat de leurs ancêtres donnaient du poids à leurs raisonnemens. Ils n'avaient point à redouter les soupçons, les dédains et la jalousie secrètes de leur auditoire. Personne ne leur enviant un poste pour ainsi dire héréditaire dans leurs familles, ils n'avaient pas besoin de s'annoncer avec fracas, de séduire, d'éblouir et d'entraîner : ils n'eurent qu'à suivre doucement la route qui leur était frayée pour être sans peine de grands hommes, et moi je ne puis le devenir qu'à la sueur de *mon front*. Une seule scène de mon rôle est plus fatigante que le grand acte de leur brillante existence. Si j'étais aujourd'hui l'un de ces trois héros, je ferais à peine sensation. Il y a loin de la cour et du ministère de Louis XIV au gouvernement des Barras, des Rewbel et autres *sortis de terre*. Ces réflexions vous sont échappées, mon ami. Vous

assimilez le présent au passé , et cependant il n'y a pas la moindre pa-
rité entre eux. Vous croyez que les
hommes et les choses sont de même
nature qu'il y a un demi-siècle. Eh
bien ! c'est une erreur qui prouve absence de jugement et de pénétration.
Consolez-vous toutefois de cette irréflexion. Elle est commune à bien
d'autres personnes.

« Cette dangereuse manie de ne point
marquer la distance qui existe entre
ce qui fut fait autrefois et ce que nécessairement il faut faire de nos jours,
a fait la révolution , et en fera bien
d'autres. L'art si méconnu, mais si
nécessaire, de se calquer sur le présent remédierait à bien des maux ,
affermirait les souverains et rétabli-
rait l'équilibre des intérêts. Il faut
avoir l'esprit des circonstances pour
ne point en éprouver les malheurs.

Ces observations, mon ami, ne sont-elles pas de la raison parlée ? Je suis de sang-froid, rien ne me stimule que l'expérience. Avez-vous vu que dans le conseil on m'ait fait aucune objection ? et néanmoins Masséna, Dallemagne, Rampon, la Harpe, étaient là avec des titres et le droit de me répliquer. Mais non : je leur avais arraché l'initiative.

« Foudroyés par la témérité de mes idées, témérité qu'ils ne soupçonnaient pas même en moi, je ne leur ai laissé que la faculté d'attendre l'événement pour l'applaudir ou la condamner. — Si néanmoins la fortune ne sourit point à vos vœux, car plus qu'un autre vous contractez l'obligation de l'enchaîner irrévocablement, quelle situation sera la vôtre ? quel océan de périls et d'humiliations ! — Pensez-vous que je croie rouler ma nacelle sur le bassin des Tuileries ? Allez, Dangeais, alors même que je hissais les premières voiles, je pressentais les orages et je me déterminais à les affronter.

« Quiconque, au surplus, n'a pas monté le cheval des dangers, ne sera jamais porté sur le coursier de la gloire (1). C'est vous dire que l'avenir n'a rien qui m'étonne, et que tout ce que j'ai fait, ce que je fais, ce que je ferai, fut, est et sera toujours dans le sens du rôle que je me suis donné. »

Si je n'eusse connu l'opiniâtreté du personnage, combien il m'aurait été facile de réfuter victorieusement ses argumens ! J'eusse obtenu cet avantage sur lui en appelant seulement à mon secours la raison, l'honneur et

____

(1) Cette idée est du poëte arabe Safiy-Eddin.

l'humanité. Il est vrai cependant qu'il raisonnait juste dans le sens de son homicide ambition. Mais qu'il est à redouter l'audacieux mortel qui, rapportant tout à l'intérêt de ses passions effrénées, croit faire trop d'honneur aux victimes qu'il s'immole ! qu'il est à craindre celui qui, méprisant ce que l'honneur a de plus sacré, s'écrie, comme le fanfaron de la comédie :

C'est bien assez pour moi d'être au-dessous des dieux,

Buonaparte fut certainement dans un pareil cas, et jamais homme n'eut plus que lui l'ambition d'être le premier de tous.

CHAPITRE IX.

Napoléon n'était point homme à se désister d'un projet conçu, quand bien même on lui aurait prouvé qu'il était impraticable et dangereux. De grands obstacles, au contraire, reconnus tels par d'autres personnes que lui, étaient un stimulant de plus à ce qu'il les abordât de front, lors même qu'il pouvait les éviter. « Le mot *impossible*, disait-il un jour à Excelmans, ne doit point se trouver dans le dictionnaire des bons capitaines. » Aussi son projet de tomber comme la foudre en Italie fut-il exécuté comme il l'avait conçu.

Ce fut le 6 mars 1796 que commencèrent les hostilités. On courut à la mort autant au moins qu'à la victoire. Cette déesse ne pouvait échapper à celui qui la poursuivait aussi vivement ; et, sans compter ceux qu'il laissait en route, on tombait dru : mais on couchait sur le champ de bataille , et c'était tout ce qu'ambitionnait le général en chef de l'armée d'Italie.

Les Austro-Sardes écrasés à Montenotte, et la division du général Provera désarmée à Cosseria , affermirent, plus que jamais , Buonaparte dans sa tactique meurtrière. Dès lors il fut irrévocablement décidé à ne compter pour rien les grandes *consommations.*

C'était ainsi que le colonel Perrin surnommait les pertes considérables que l'on éprouvait. Napoléon fut probablement frappé de sa justesse et de l'énergie de cette expression , car il s'en servit mainte et mainte fois pour rendre la même idée.

Il n'entre point dans mon plan de narrer les campagnes de Buonaparte ; ces descriptions militaires appartiennent à l'histoire ; et c'est à cette source que doivent puiser ceux qui veulent connaître , tant bien que mal , ce qui s'est passé pendant nos modernes campagnes. Quant à ces Mémoires , ils ne se composeront que de récits particuliers , de scènes entre Buonaparte et moi, et de certains faits ignorés ou mal rendus. Veuille le lecteur ne point oublier cette observation faite une fois pour toutes.

La bravoure française rivalisait les plus beaux faits de l'antiquité. Mais que de sang ! que de victimes ! que de cadavres ! que de brisemens ! que

d'amputations ! que de souffrances !
il y avait à sangloter sur nos lauriers.
On cite le pont d'Arcole ; je ne crains
pas d'avancer qu'il fallait des Français pour le franchir , et un général
de fer et prodigue de leur sang , qui
leur commandât d'enlever un tel
poste en plein jour. Augereau même
était d'avis que l'attaque se fît de nuit.
« Non , dit Buonaparte , les feux de
l'artillerie seraient trop apparens
dans l'obscurité. Ils éblouiraient le
soldat ; et les ombres de la nuit, ainsi
éclairées , lui montreraient le péril
ce qu'il est. Faites marcher : de jour
on est frappé , mais avant le coup on
ne voit pas la flamme, et cela mérite
attention (1). »

____

(1) Ce fut à l'occasion de cette sanglante
affaire, que madame de Staël dit : « Buonaparte est en guerre ce que certains hommes

2.   9.

Cette victoire de l'armée d'Italie rend, à peu de chose près, l'impétuosité avec laquelle furent obtenus tous les avantages qui la suivirent, principalement celui de la Chiuse, qui nous fut vivement disputé par l'ennemi. Le nom de cette affaire me rappelle un trait presque ignoré, et qui cependant mérite d'être connu.

Le combat tirait à sa fin, et la victoire s'était déclarée pour nous, lorsqu'au détour d'une rivière, Buo-

---

sont en amour. Ceux-ci, quelquefois peu sûrs de la possession de leurs maîtresses, sèment de l'or à pleines mains pour l'obtenir ; et le général, pour enchaîner la victoire, prodigue le sang de ses guerriers. Cette déesse sera probablement long-temps à ses ordres ; car je ne crois pas les généraux ennemis assez en fonds d'hommes pour en faire une aussi grande dépense, supposé même qu'ils en eussent la cruelle volonté. »

naparte aperçut un soldat de la 32e, occupé à creuser une fosse avec son sabre. Autour de lui gisaient , privés de vie , trois dragons ennemis et un soldat français. « Que fais-tu là , grenadier ? lui demande le général : — Je rends à mon frère les derniers devoirs. — Tu serais plus utile à ta compagnie. — Ces trois dragons, que mon frère et moi nous avons jetés sur la poussière , attestent que j'ai payé ma dette à mon pays. Je veux maintenant m'acquitter envers la nature et l'amitié. — Que signifie ce *je veux ?* répond le général en s'avançant sur lui ? — Que tu me laisses , » lui réplique froidement le grenadier en portant avec vivacité la main sur son fusil. Buonaparte étonné, le regarde, s'arrête un moment, et semble réfléchir. Mais tout à coup il fait faire une volte à son cheval et rentre au milieu de son état-major en disant seulement : « Je ne voyais pas que ce malheureux était blessé. » Le grenadier l'était en effet d'un coup de sabre dans la figure, ce qui lui donnait un air à la fois sublime et terrible (1). Le général continua sa route. Ce ne fut qu'au bout de quelques minutes, qu'il dit tout haut : « Frédéric-le-Grand aurait fait fusiller ce grenadier. — Je ne le crois pas, lui répondit, avec une noble hardiesse, le capitaine Frossard ; le roi de Prusse aussi était généreux. Ce soldat au surplus, dans la position où il est, n'est pas *fusillable*. — Capitaine, ce mot-là n'est pas français. — Je le sais ; mais il est

---

(1) On a su depuis que ce grenadier était le fils d'un homme de loi de Dijon. Il est mort capitaine.

humain , cela devrait être syno-
nyme. »

Cette scène n'eut aucune suite
pour le grenadier ; mais huit jours
après , le capitaine Frossard ne fut
plus employé à l'état-major.

Les avantages que remportait constamment l'armée d'Italie portèrent
l'enthousiasme dans tous les cœurs
français. On ne s'occupait que de
ses victoires sans songer à quel prix
ou les avait obtenues : insouciance
naturelle à tous les peuples. Il fallut
néanmoins remplir les cadres de
cette armée victorieuse ; opération
qui n'éprouva pas la moindre diffi-
culté. On échangea de la meilleure
grâce du monde, contre de sanglans
lauriers, une superbe jeunesse qu'allait prodiguer, sans remords, le fougueux soldat qui pouvait en disposer.

Hauteur , présomption , et sévérité, s'accrurent chez Buonaparte, en proportion de sa renommée. Il apprend que des soldats, indignés de ne point recevoir leurs vivres, s'étaient écriés : « F....., s'il sait faire vaincre, il ne sait pas nourrir les vainqueurs. » « Comment ! me dit-il, mais cela devient sérieux ; allons, puisque le nombre des plaignans leur garantit l'impunité, donnons-leur le change. Aussi-bien il m'importe qu'il croient que je suis affecté de leurs souffrances...... On parle de fournisseurs et d'employés infidèles ; c'est cela.... » C'était en effet bien cela ; car les deux jours suivans il fit fusiller un assez bon nombre d'employés dans l'administration des vivres. Pauvres diables qui payèrent pour de grands coupables habiles à se racheter à prix d'or.

Si Napoléon n'eût, à cette époque,

ambitionné que de la fortune, certes son ambition eût été assouvie long-temps même avant la prise de Mantoue. Sa petite excursion chez le duc de Modène, et autres riches tours de main, avaient passablement arrondi son trésor.

Ces procédés ne convinrent pas à tout le monde. Madame d'Aubreton, ma parente, m'envoya de Paris un journal qui le traitait de Turc à Maure ; je le lui montrai, et, contre mon attente, il parut s'en occuper. « Je reconnais, me dit-il, les auteurs de cet article ; le rédacteur n'est que le *faiseur* pour d'autres. Ce directoire, ce Barras même qui croit m'avoir honoré de sa protection, me voient haut de vingt coudées et craignent pour leur puissance ; ne pouvant m'attaquer de front, ils intriguent pour me perdre de réputation, les lâches.... mais à bien prendre ils ont raison.... Je crois trop.... Je deviens furieusement redoutable... Je serais bien tenté d'intriguer de mon côté ; mais je ne suis que grand ; je n'ai pas encore assez d'embonpoint. — Vous ferez fort bien , lui dis - je , d'écarter cet orage. — C'est à quoi je pense. Une lettre où rien ne sera de ce qui se passe au fond de mon cœur... oui, c'est cela ; demain j'écrirai. Il faut bien au surplus faire quelques sacrifices... » Puis , après avoir parcouru de nouveau l'article du journal , il reprit : « Il faut avoir bien peu de chose à me reprocher, et surtout ne point vouloir apprécier ce que j'ai fait , pour me parler de ce duc de Modène. Ces faquins , encore la main dans le sac, ignorent-ils que j'ai des frères , des sœurs, à proportionner à mes destins ? veulent-ils que je les leur présente les uns en guêtres, les autres en déshabillé ? en vérité, il y a de quoi vous soulever de terre... l'empereur d'Autriche n'y perdra pas. Je voulais aller à Vienne ; mais qu'il dise un mot, et je m'arrête. J'ai besoin d'être à Paris , et de juger par moi-même si nos cinquièmes de rois sont fermes sur leurs jambes. »

Quel être assez indifférent n'eût pris un vif intérêt à de semblables discours , discours dont chaque période renfermait un secret de cœur, une arrière pensée ? Quel mépris ce Buonaparte versait sur les hommes et les choses ! combien il ravalait tout ce qui n'était pas lui et pour lui ! c'était à n'en pas croire ses yeux et ses oreilles ; et, si son caractère n'était connu, je ne hasarderais point ces particularités.

C'est ici l'occasion de donner un démenti formel à certain écrivain assez hardi, ou plutôt assez fourbe, pour avoir imprimé « que, si Buonaparte n'avait point usurpé le trône, les Bourbons n'auraient aucune plainte à porter contre lui ; qu'antérieurement à la mort du duc d'Enghien, il ne les avait jamais persécutés. » Cet homme-là, sans doute, a dormi depuis 1796 jusqu'en 1804. S'il eût été mieux informé, il aurait su que dans une dépêche au directoire, sous la date du 10 avril 1796, Buonaparte s'exprime ainsi : « Tout vous commande de ne point souffrir le prétendant sur le sol de l'Italie. Il est généralement estimé à Vérone et dans tout l'état Vénitien. Son nom n'est pas sans influence sur les habitans du pays. En cas de revers son voisinage pourrait être dangereux.

Veuillez donc agir près du sénat de Venise, pour qu'il ait à enjoindre au prétendant de quitter Vérone et l'Italie dans le plus bref délai. » Monsieur fut en effet obligé de quitter Vérone le 21 du même mois. Que faut-il de plus pour attester que long-temps avant l'assassinat du duc d'Enghien Napoléon persécutait directement l'héritier légitime du trône?

On a vu plus haut qu'il avait exprimé le désir de se rendre dans la capitale, pour y connaître le degré de force du gouvernement. Désirer étant pour lui la même chose que se satisfaire, il saisit les premières propositions de l'ennemi pour signer à Indenbourg, le 8 avril 1797, avec les généraux Merfeld et Bellegarde, une suspension d'armes, qui fut suivie des préliminaires de paix, signés le 17 du même mois à Gratz, près

Léoben en Styrie, entre l'Autriche et la république française , par le comte de Merfeld et le marquis de Gallo pour l'empereur , et Napoléon pour la France.

Avoir arrêté les préliminaires n'était que la première partie du projet que le général avait conçu , il fallait encore :

1° S'assurer de les faire ratifier par le directoire ;

2° Obtenir qu'il indiquât un endroit pour traiter de la paix définitive ;

3° Et c'était là le plus important , se faire nommer à cette ambassade. Il aurait bien voulu se rendre dans la capitale pour travailler lui-même à ses intérêts ; mais les desseins qu'il avait alors sur les états de Venise ne lui permettant pas de s'absenter, il jeta les yeux sur son frère Lucien

pour le remplacer auprès du gouvernement, qu'il voulait influencer.

Lucien, qui à cette époque habitait
Milan , y reçut l'ordre d'en partir
sur-le-champ pour se rendre à Paris,
avec les instructions suivantes.

De Gratz, le 18 avril 1797.

MON FRÈRE ,

« Les préliminaires de paix que je
viens d'arrêter avec MM. de Merfeld
et de Gallo , exigeraient ma présence à Paris ; mais je ne puis me
déplacer. Veuillez donc sur-le-champ
partir pour cette ville. Les intérêts
que vous y suivrez sont de la plus
grande importance ; les voici :

« Obtenir la ratification desdits préliminaires, l'indication d'un lieu pour
y traiter d'une paix définitive, et ma
nomination à cette ambassade. Vous

vous servirez de tous les moyens qui seront en votre pouvoir pour circonvenir le gouvernement et l'amener à me tout octroyer. Voyez secrètement les membres du directoire ; prouvez-leur la nécessité de faire promptement une paix honorable et lucrative ; dites-leur que l'armée a besoin de se refaire de ses nombreuses fatigues, pour marcher ensuite en totalité contre les Vénitiens, qui de jour en jour deviennent plus insolens. Insinuez à Barras et à Sieyes qu'ils auront besoin de troupes pour se soutenir contre les intrigues de Carnot, Barthélemy, Pichegru, Boissy-d'Anglas, et autres membres des conseils. Quant à moi, et pour tailler de la besogne à ces *croûtes ambitieuses*, je me charge volontiers d'attacher les regards de l'armée sur les divisions qui règnent

entre le directoire et le pouvoir législa-
latif ; de les enhardir à délibérer sur
ces matières délicates et hors de leur
compétence ; me reservant , toutefois , la faculté de réprimer ces cen-
sures armées aussitôt qu'elles me
seront inutiles. Méfiez-vous surtout
de Carnot et de Pichegru ; ces deux
hommes sont des renards que je ferai dépayser, s'il est possible. Donnez à dîner à Boulay et Delarue ; ils
ont quelques petits secrets auxquels
je tiens beaucoup. Notez leurs saillies
après le repas. Si vous pouviez vous
immiscer dans la famille Moreau, ou
seulement y glisser quelqu'un, ce serait un coup de maître. J'ai bien
besoin de savoir ce que pense cet
homme. Frenières , je crois , en sait
beaucoup à cet égard. Quant au
choix qu'il faut faire tomber sur moi
pour aller négocier la paix définitive,

il n'y a pas à balancer ; il faut que cela soit. Outre le relief que me donnera cette mission, j'ai besoin d'étudier, pour mon propre compte, la diplomatie du cabinet de Vienne. Ce sera une récolte pour l'avenir. Ne ménagez donc rien pour me procurer ce diplôme, qui me convient au surplus beaucoup mieux qu'à tout autre. De tout faites usage : argent, promesses, intrigues, fausses notions, ne ménagez rien ; et surtout que sans délai je reçoive mes instructions.

«Descendez chez Joséphine ; associez-là à ces négociations : je la connais fort peu ; mais je lui soupçonne de l'ampleur dans le raisonnement ; elle parle d'or et avec circonspection ; pour peu qu'elle dise, ce sera du miel distillé qui coulera doucement dans le cœur des tout-puissans éphémères. Ils diront *oui*.

«Je pensais à vous adjoindre notre frère Joseph , mais que diable , cet homme n'a encore pour lui qu'un beau buste. Sa politique et son moral sont si retrécis qu'il faudra nécessairement le placer bien haut pour le familiariser avec les localités. C'est en un mot un homme dans un œuf, il faut le couver. Ne confiez rien d'intéressant à mes sœurs ; c'est encore trop *poupée* ; jetez-leur seulement quelques-unes de mes espérances. Quant à madame Buonaparte, vous pouvez la mettre au courant ; elle a de l'étoffe et peut *faire*. Je ne vous parle pas des motifs qui doivent vous stimuler dans cette affaire ; vous savez aussi-bien que moi qu'en poussant vivement et lucrativement les choses, vous travaillez autant à vos intérêts qu'aux miens. N'oubliez pas aussi qu'à votre mission se rattache le bonheur de toute la famille, qui, j'en ai la douce espérance, va croître comme un cèdre, en richesses et prospérités. De la circonspection, de la célérité, quelque peu d'audace, et je suis tout à vous,

« Votre frère, le général en chef de l'armée d'Italie,

BUONAPARTE. »

Buonaparte n'eut pas plus tôt fait partir son frère pour la capitale, que, tranquille de ce côté, il déclara la guerre aux Vénitiens. Les intrigues qu'il avait ourdies dans ce pays, les émissaires dont il l'avait parsemé, aidèrent aux efforts de son armée, et en très-peu de temps il acheva cette importante conquête, qu'il traita Dieu sait comment. Mais alors il était en mesure de se déployer énergiquement ; ce sont ses propres expressions.

Je ne pouvais me dissimuler que tout ce qui lui arrivait à cette époque n'eût quelque chose de surnaturel ; car, enfin, ce n'étaient ni sa douceur, ni sa prudence, ni son affabilité, ni ses ménagemens, qui enchaînaient la fortune à son char. Je crois même que cette déesse aveugle ne l'était point pour lui ; qu'elle se chargeait de réparer les fautes que journellement ils faisait, et qui auraient dû lui ravir à jamais sa protection. Moi seul, je crois, pourrais bien rendre ce qu'à cette époque il fit de répréhensible, pour ne pas dire plus. — Gardons néanmoins le silence, et pour cause.

Quoi qu'il en soit, si, par hasard, je m'avançais jusqu'à lui marquer ses inconséquences et ses témérités, il me fermait la bouche en me disant : « Vous n'y pensez pas, mon ami, voyez donc comme cela marche droit au but ? point de digues, nuls obstacles, pas la plus petite anicroche : j'en suis moi-même étonné ; et puis-je ne pas l'être ? Une partie de l'Europe est là, bouche béante, et m'admire ; l'autre me redoute ; et ces bons Français sont las de m'applaudir. L'espace, il est vrai, que doit parcourir le coursier de mon ambition est immense, hors de calcul ; mais, en lui mettant l'éperon dans le flanc, il fera cent lieues à l'heure. Eh bien ! car j'aime à vous répéter vos apostrophes de jeunesse, ai-je encore le timbre fêlé ? m'égaré-je dans les espaces imaginaires ? Le petit protégé de feu ce bon monsieur de Marbeuf n'a pas encore vu trente printemps, et il commande dans le palais des doges. C'est, je pense, passablement bien savoir se loger.

Et ces illustres et graves sénateurs, parens en ligne idéale et burlesque de la mer Adriatique, eh bien! Dangeais, ils font antichambre chez un jeune Corse. A quoi tiennent les grandeurs! Tenez, je n'ai jamais été si sociable. Je me sens d'humeur aujourd'hui à vous parler d'affaires sérieuses avec la légèreté d'un étourdi de quinze ans. Il m'est bien permis, je crois, de mettre à profit ces joyeuses dispositions; elles sont si rares chez moi!.. Pour dire de superbes *je veux, j'ordonne, obéissez*, il faut être si sombre, si sec, si sévère, qu'en vérité, si je n'étais Buonaparte, je voudrais être un joyeux luron. Je vous disais donc que je suis d'humeur à vous parler gaiement d'affaires sérieuses ; eh bien ! apprenez que le général en chef de l'armée d'Italie va bientôt changer de rôle, et prescrire autres choses que des actes militaires. Oui, mon ami, je vais faire des états, des gouvernemens ; moi, j'aime à brouiller ; c'e l'essence de ma vie. Qui sait si je ne prélude pas à faire quelque jour des royaumes, des souverains ? Il y a tant d'*huile dans ma lampe !...* Vous souriez, mon ami ? vous avez raison ; riez, cela fait du bien. Ce bien-là se trouve rarement à ma portée ; mais je me délecte autrement.—Vous avouerez, général, que votre gaieté à tout lieu de me surprendre ? — Je le crois bien ; moi-même je ne me reconnais pas. C'est vraiment un accès, et je sens intérieurement qu'il ne sera pas de longue durée. Les projets que je médite, il est vrai, ne sont pas sans avoir leurcôté plaisant ; figurez-vous, s'il est possible, le fils d'un petit bourgeois d'Ajaccio s'appropriant momentanément l'une des plus belles contrées de l'Europe, l'héritage des Césars., la patrie de Raphaël, du Tasse, du Dante, le berceau des beaux-arts, l'Italie enfin ; figurez-vous, dis-je, ces belles contrées tout à coup mises sans dessus-dessous par un jeune homme de vingt-six ans ; et c'est pourtant ce que vous allez voir. Oui, autant par distraction que par philosophie et politique, je vais bouleverser, changer, supprimer, créer tous les gouvernemens d'Italie. Je vais ravir le sujet au souverain et le souverain au sujet ; les chartes anciennes ne seront plus de mise, et celles que je forcerai ces peuples à recevoir seront seules de mode. Mon penchant à tout déplacer n'est pas, croyez moi, le seul motif qui me dirige : je veux encore me prouver que le génie pétrit à son gré les hommes et les choses. Je m'essaie à infirmer toute volonté qui ne sera pas la mienne ; je me pénètre de la pusillanimité des *populations*, et de la facilité avec laquelle on peut les régenter. Ce remuement de toutes choses est, proprement dit, les tréteaux sur lesquels je m'exerce avant de me lancer sur le théâtre des grandes organisations. Vous paraissez ne pas trop soupçonner les grandes opérations auxquelles je vais me livrer ; mais patience : sous peu vous saurez à quoi vous en tenir. »

J'ignorais, en effet, quels étaient les grandes entreprises qu'il méditait. J'étais loin de croire à l'existence d'un homme capable de bouleverser les lois et le gouvernement d'un pays, pour s'apprendre à troubler plus tard le gouvernement et les lois de l'univers.

Le fougueux général ne me laissa pas long-temps dans l'incertitude ; bientôt on le vit déterminer, par son influence et ses intrigues, l'organisation des républiques Cispadane et Cisalpine. Le 19 mai il réunit la Romanie à la première, et Modène, Reggio, Massa et Carrare à la seconde. Le 5 juin il règle à Montébello, avec les députés génois, la nouvelle forme du gouvernement qu'il leur avait imposé. Quelques-uns de ses émissaires se glissant ensuite dans la Valteline, elle se déclare république indépendante, et lui demande sa protection.

Si depuis mes liaisons avec Buonaparte, il n'avait cessé de m'entretenir de ses gigantesques espérances, si même quelques-unes d'entre elles s'étaient réalisées , je n'en avais pas moins l'opinion que la fortune bornerait là ses faveurs , et que lui-même, ce parvenu sans exemple , ne la fatiguerait pas davantage. Mais que je pensai bien autrement lorsque je le vis ne point s'en tenir à son épée ! Buonaparte se jetant tout à coup dans les gouvernemens du pays qu'il avait conquis, les détruisant pour en imposer d'autres de sa façon , me présageait l'accomplissement des rêves qu'il faisait depuis son enfance. Ce fut alors que, tout en ne me prononçant en rien , je le jugeai capable de tout entreprendre et de tout hasarder , dût-il voir la barque de son ambition s'enfoncer dans le gouffre des périls qu'il voudrait imprudemment lui faire affronter.

Tandis que le général révolutionnait l'Italie, Lucien , son frère , le

faisait nommer l'un des plénipotentiaires au congrès d'Udine. Le 20 août
Napoléon reçut ses pouvoirs ; et, deux
jours après, nous quittâmes Milan.

Buonaparte, à cette époque, n'entendait réellement rien au style diplomatique, qu'il avait poliment sur-
nommé *l'argot* des grands fourbes.
Rien de plus curieux que ce qu'il
en dit à Treilhard au congrès de
Rastadt. Cette explosion vaut seule
un volume pour arriver à la connaissance du personnage ; cette sortie est d'autant plus historique, que,
plus tard , il fit précisément tout le
contraire de ce qu'il annonçait à
cette époque.

Napoléon dînait chez Treilhard ,
avec Bonnier et trois autres personnes ; j'étais du nombre des convives :
sur la fin du repas , Treilhard s'ap-
pesantissait sur l'importance des

discussions qui allaient s'ouvrir au congrés. Dans la chaleur du raisonnement il s'oublia jusqu'à dire : « Là, messieurs, les connaissances militaires sont en dernière ligne, il faut une autre sagacité et d'autres lumières. » Un tel propos en présence d'un homme dont toute la réputation était militaire, pouvait à coup sûr passer pour une insulte. Tous les convives le sentirent, et Bonnier en avertit Treilhard par un regard expressif. Ce dernier, qui depuis avoua sincèrement n'avoir pas eu dessein d'insulter le général, voulut remédier à son inconséquence; mais il n'était plus temps. Napoléon, la tête appuyée sur sa main droite, travaillait dans sa pensée une riposte à l'agression de son imprudent collègue. « Si comme vous, monsieur, lui répondit assez paisiblement Buonaparte, je suis appelé à discuter les intérêts de mon gouvernement, souffrez que je ne partage pas votre opinion sur les qualités que vous supposez indispensables à ce grand œuvre. (S'animant ensuite par degré.) Souffrez aussi que je vous fasse observer que vous n'êtes point du tout à la hauteur du rôle que vous avez accepté. Oui, monsieur, vous me paraissez bien peu pénétré de votre situation; bien peu fort des avantages que vous donnent nos triomphes militaires. Vous venez ici pour y dicter des volontés et non souscrire à celle des vaincus. Ce que doit acquérir la France doit être écrit sur votre carnet. Pour le notifier à qui de droit, il n'est besoin de circonlocutions ni de notes équivoques, artifices nécessaires seulement à qui craint ou veut temporiser. Je ne serais qu'en cinquième que votre tâche me paraîtrait facile. Je ne me donnerais pas au moins le petit plaisir de la supposer exigeant de vastes connaissances et des lumières extraordinaires. Prudent et sage, habile et franc, je la conduirais à bien, sans croire avoir fait un grand œuvre et quelque chose de bien difficile. Il faut être amphibologique et disimulé en temps et lieu; vrai, sincère et concis, quand on peut l'être impunément et impérativement. C'est au congrès d'Udine que je me suis pénétré du style diplomatique, et de la marche à tenir dans ces négociations, que des gens sages et de bonne foi termineraient si facilement, et que certaines personnes ont le fatal secret d'éterniser.

«Réfléchissant un jour que les négociateurs étrangers ne voulaient que gagner du temps et ne rien conclure, je rédigeai la note suivante que je remis au congrès. « *L'empereur aura Venise, son territoire et la Dalmatie. Les Pays-Bas appartiendront à la France.* » Messieurs, dis - je aux plénipotentiaires, toute discussion est maintenant inutile. J'ai tracé cet ultimatum avec la pointe de mon épée, et mon cheval est sellé en cas d'objection. Je me prononçais ainsi le 16 octobre, et la paix fut signée le 17. Celui-là serait tout-à-fait indigne de sa mission, qui ne saurait point approprier sa politique aux circonstances ; et je ne vois pas que, pour opérer ainsi, il faille des connaissances excessivement extraordinaires. Mais il est certains diplomates qui se croient des demi-dieux lorsqu'ils sont parvenus à rédiger de longs et lourds considérans , graves riens dans une importante matière , et dont toute la substance se renfermerait aisément dans une seule période. De tels gens se croiraient déshonorés s'ils étaient laconiques ou sincères , lors même qu'ils pourraient l'être. Cette maladie tient , il est vrai , au métier , et les peuples ne s'aperçoivent pas qu'ils en paient les frais. »

Je laisse à penser dans quel embarras nous mit une pareille sortie. Bonnier jouait avec sa serviette , les autres convives gardaient le silence , et Treilhard balbutiait des excuses , que Buonaparte sut esquiver en se levant de table , et se retirant presque aussitôt. Cette scène , dit-on , fut une des principales causes de son retour à Paris , où nous arrivâmes le 9 décembre 1797.

CHAPITRE X.

A l'empressement que Napoléon mit à quitter Rastadt, et surtout à l'espèce de joie qu'il manifesta pendant la route, je pressentis qu'il avait de grands desseins contre le gouvernement. Son épouse était venue au-devant de lui jusqu'à Compiègne, et de là jusqu'à Paris ; ils ne cessèrent de s'entretenir à voix basse : Napoléon paraissait animé et prendre beaucoup de part à ce que lui disait son épouse, qui, de son côté, lui parlait avec beaucoup d'action.

Le lendemain de son arrivée dans la capitale, il fut solennellement présenté au directoire, qui le félicita

comme guerrier et comme pacifica-
teur. J'étais présent à cette audience,
et je puis assurer qu'il n'appartenait
qu'à Buonaparte d'être mécontent de
l'accueil que lui firent les directeurs,
sans exception. Peut-être pensaient-
ils autrement qu'ils ne s'exprimaient;
mais au moins, c'était chose dont il
pouvait douter; son mécontentement était sans doute une conséquence de la justice qu'il se rendait.
Quiconque se croit coupable envers
quelqu'un ne saurait croire à la sincérité des bienfaits qu'ils en reçoit.
Telle était la situation du général; il
voļait en secret la perte du directoire, et conséquemment il ne pouvait croire à l'amitié des directeurs.
« Que pensez-vous, me dit-il, de
nos cinq monarques à terme? avez-
vous bien remarqué avec quelle
froideur ils laissaient tomber leurs

éloges? on eût dit qu'ils avaient à
choisir entre vingt coups de fouet
et la justice qu'ils m'ont rendue. Il
est en effet pénible d'encenser qui
l'on redoute. Oui, Dangeais, depuis
que mes exploits consolident leur
puissance, les ingrats me jalousent
et me détestent. De ce qu'ils m'ont
dit à ce qu'ils pensent, la distance
est du ciel à la terre. Mais, ai-je
bien raison de les accuser? peuvent-
ils me voir d'uu œil tranquille et
désintéressé? non, certes : habiles
autant que pénétrans, ils auront
descendu dans mon cœur; mon
ambition leur sera apparue ce qu'elle
est, grande, vaste, exclusive, et
fortement disposée à les éliminer
quand l'occasion s'en présentera : en
ce cas, j'ai tort de m'irriter de leurs
mauvaises dispositions à mon égard.
Dans notre position réciproque,

guerre secrète doit exister entre nous. Je vais donc m'occuper sans relâche des moyens propres à mettre fin à cet état équivoque ; et j'ose espérer qu'en faisant feu des quatre pieds , j'atteindrai le but. »

Cet important aveu me prouvera sans réplique que je ne m'étais point trompé en supposant à Napoléon des projets contre le gouvernement.

A dater de ce jour , il s'établit dans sa maison à Paris , et à la Malmaison , un mouvement continu d'intrigues et de correspondances , quoique entre un très-petit nombre de personnes. Buonaparte se chargea d'analyser tous les élémens du gouvernement directorial , pour en trouver les côtés faibles et les affaiblir encore. Joseph et Lucien , Joséphine et Murat , s'embusquèrent dans toutes les factions , et chez tous les mécontens, afin d'y faire des recrues. Mais quelle que fut leur adresse , et après une foule d'intrigues secrètes et d'observations de toute nature , il leur fut irrévocablement prouvé que le gouvernement, tout irrégulier et méprisé qu'il fut, était encore trop nerveux pour être renversé avec les moyens d'attaque qu'ils avaient contre lui.

Il est hors de doute que les obstacles étaient de nature à n'être pas surmontés , puisque Napoléon , malgré son infléxible ténacité, consentit à l'ajournement de ses ambitieux projets. Tout ce qu'il eut à souffrir de la douloureuse conviction de son impuissance se retrouve dans le changement qui se fit tout à coup en lui. Il devint en peu de jours méconnaissable et d'un *sombre* à faire frémir. Qui se serait bien pénétré de ses souffrances eût eu l'ambition en horreur. Il souffrait d'autant plus qu'il s'efforçait de cacher aux autres les véritables motifs de son chagrin : l'aveu en eût été humiliant. Il aurait dégradé le caractère de bronze dont il se faisait gloire dans les moindres actions de sa vie.

Quoi qu'il en fût de ses peines et de l'extrême soin qu'il prenait pour en cacher la véritable cause, sa famille en eut bientôt percé le secret. Chacun de ses membres, fortement intéressé à l'existence du général, gémissait de voir ce jeune ambitieux insensiblement périr par excès d'ambition, tandis que de brillans moyens de paraître avec avantage étaient encore à sa disposition.

Sa mélancolie, que je puis à bon droit traiter de faiblesse, le dépouillait complétement à mes regards du masque imposant qu'il s'était donné en public : de ce jour, je le classai parmi les hommes qui n'ont d'énergie et de caractère que dans les jours de prospérité.

Quoique la saison fût fort avancée, son plus grand plaisir était de s'enfoncer dans les allées les plus sombres du parc de la Malmaison, qu'il habitait alors de préférence à la capitale. Joséphine et Lucien étaient les seuls qui se hasardassent à troubler sa solitude ; la première avec sa douceur naturelle, le second avec la franchise un peu brusque qui depuis lui a valu un exil. Lui demandaient-ils pourquoi il s'isolait ainsi ? Il leur répondait en souriant lugubrement : «Laissez...dans quelques jours je vous dirai cela... je médite quelque chose de grand, de vaste, de lucratif, qui ne nous laissera pas à moitié chemin. Je vous dirai cela, Lucien, à vous madame, et l'un et l'autre vous me pardonnerez d'avoir aimé à être seul quelques instans. » (Ce sont ses propres mots à n'en pas changer une lettre.)

De mon côté, j'étais encore moins heureux que les autres. L'ambition malheureuse ou plutôt insatiable, m'avait fermé son cœur. Si parfois il m'adressait la parole, ce n'était plus pour me donner ses secrets. Il me voyait avec indifférence, et plus d'une fois j'ai remarqué qu'il évitait ma rencontre. S'il eût continué quinze jours sur le même pied, c'en était fait, je le quittais, tant son noir silence me rendait la vie insipide et monotone : une après-dînée, pendant que je montais à cheval pour me rendre à Paris, il vint droit à moi, et me demanda où j'allais. Sur ma réponse explicative, il ajouta : «Il est encore de bonne heure; » puis, me prenant familièrement sous le bras, «Venez faire un tour, j'ai besoin de vous entretenir.»

Depuis long-temps je ne l'avais vu si communicatif; je le suivis avec plaisir : il nous enfonça dans l'endroit le plus fourré du parc, non sans m'avoir répété cinquante fois, « Mon silence doit furieusement vous avoir intrigué? » Je le lui avouai pour le satisfaire. « Oh! vous avez tort si vous m'en voulez, continua-t-il : je m'étais éparpillé en idée sur les mondes, les hommes et les circonstances. Toute distraction m'eût paru un vol fait à mes intérêts, une interruption à mes importantes recherches. Je voulais être seul pour tout embrasser. Dangeais, j'ai bien souf-

fert depuis quelque temps. Ne con-
cluez pas de là que je suis déchu de
mon caractère. Jamais au contraire
je n'en ai mieux connu le courage et
l'énergie ; je ne suis pas mort. Oui,
mon ami, une foule d'hommes vul-
gaires eussent laissé la vie sous le
poids de mes poignantes contrariétés, si toutefois ils les avaient senties
aussi vivement. Que ne m'est-il na-
turel de m'arrêter où j'en suis ! que
de gens à ma place se trouveraient
fort bien ! car je suis bien, très-bien,
excessivement bien ! Oui, je suis un
grand misérable (1) de ne pouvoir
être heureux de tant de prospérités.
mais je ne le puis ; la tâche est au-
dessus de mes forces : je me sens

---

(1) Tout ce passage, écrit dix minutes
après qu'il eut été parlé, est exactement le
mot à mot du général.

crouler... Dangeais, tout est, je crois, fini en Europe pour moi. Il faut me résoudre à y vivre en seconde ou troisième ligne.

« De hardis intrigans, d'ambitieux orateurs tiendront le sceptre.... Ah ! puisque les Français le souffrent et que je suis trop faible pour m'y opposer, qu'au moins je n'en sois pas témoin ! Dangeais, recevez aujourd'hui la confidence que je vous garde depuis quinze ans. Je veux régner, ne fût-ce que sur un village ; je veux être indépendant, si ce n'est en France ce sera sur des rives étrangères. Que m'importe, pourvu que cela soit, et qu'en tout et à tous je puisse dire, *je veux*.

« Mon ambition, après s'être promenée sur l'immensité du globe, s'est arrêtée sur l'Égypte. Ce pays me semble offrir le plus de chances heu-

reuses : les peuples qui l'habitent,
impitoyablement vexés par les Beys
Mameluks, verront avec plaisir une
armée de braves et un général avan-
tageusement connu travailler à les
soustraire aux attentats de leurs op-
presseurs. De plus douces lois, de
meilleurs traitemens, un affranchis-
sement général, les fixeront facilement sous mes enseignes. De là en
Syrie il n'y a qu'un pas. Je marcherai
sur cette province, et bientôt un
nouveau royaume de Jérusalem sortira des ruines de l'ancien. Quel
spectacle, mon ami, pour l'univers
étonné ! Un Corse à la tête d'une armée française victorieuse, rétablis-
sant la Cité Sainte, et se faisant proclamer prince et souverain des célèbres contrées où naquit et mourut le
Dieu des chrétiens, seront de ces
événemens qui changent la face du

monde, et auxquels on craint d'a-
jouter foi, même après leur existence.
Que vous et les miens, mon ami,
vous me rendiez peu justice lorsque,
retiré sous la voûte épaisse de ces an-
tiques maronniers, je me perdis tout
entier dans ce magnifique avenir.
Ne devez-vous pas vous dire? « de
grandes conceptions l'enlèvent à
notre société. » Mais non : vous
m'accusez de faiblesse ; mon silence
était, selon vous, défaut d'énergie
et de caractère, j'étais enfin au-
dessous de mon ambition ; pitoyable
erreur, absence de sagacité. Tandis
que vous présumiez aussi mal de ma
fermeté, toutes mes facultés morales
et physiques se disséminaient dans les
détails d'une conception non moins
admirable que gigantesque. Grâce à
mon activité, toutes les parties de
mon plan sont arrêtées ; rien n'en

est négligé ; tout est prévu, et la conduite à tenir dans le cours de l'opération, et les obstacles qu'il faudra surmonter. Veuillez maintenant, mon ami, me dire ce que vous pensez de mes projets ? »

Ce que je venais d'entendre me paraissait si extraordinaire, si incroyable, qu'il me restait à peine la force de lui répondre. Reprenant toutefois mes esprits, je lui répliquai : « Il y a si loin de vos projets à ceux que je pourrais entreprendre et méditer, que, sans m'attacher au fond de votre entreprise, je me bornerai à vous demander ,

1° Comment ferez-vous pour séduire les troupes qui vous suivront, et les engager à protéger votre indépendance, au détriment de la mère-patrie, que depuis si long-temps ils servent avec gloire ?

2º Comment déterminerez-vous le directoire à vous donner une flotte et des troupes pour l'exécution d'un projet aussi compliqué que susceptible de rencontrer de grands obstacles ?

Ces demandes, quelque justes quelles soient, n'ont rien qui m'embarrasse. En réponse à la première, je dis : « A peine serai-je en Égypte, que tout ce qui m'aura suivi s'attachera nécessairement à moi. Officiers, soldats et autres personnages, mis tout à coup dans l'impossibilité de rentrer dans leur patrie, la retrouveront sur le sol où je leur procurerai tous les genres de prospérités. Les neuf dixièmes d'entre eux, qui, de retour en France et hors du service, seraient obligés de suer, chaque jour, sang et eau pour se procurer le strict nécessaire, trouveront dans mon nouvel empire, ou des emplois civils ou des postes militaires qui les mettront à l'abri du besoin, et souvent dans l'abondance. mes officiers supérieurs seront promus aux premières dignités de l'état. Je les enrichirai avec les trésors des Pachas, des Beys, et des Mameluks. Je les enchaînerai au climat avec des harems où figureront voluptueusement et les divines Tcherkasses, et les superbes Géorgiennes. Croyezvous, Dangeais, que d'aussi brillans avantages ne les détacheront pas d'une patrie où l'indigence pourrait les atteindre, et sur les rives de laquelle j'empêcherai qu'aucun navire ne les transporte ?

Ne fut-il pas toujours dans la nature de l'homme nécessiteux de préférer le sol où richesses et plaisirs le réveillent, à celui où peines, misères et privations l'assiégent de toutes parts ? Quant à faire adopter mon projet au gouvernement, je ne sais que trop qu'il y donnera son entière approbation, le jugeraient-ils extravagant. Le seul plaisir de m'éloigner leur arrachera les plus grands sacrifices. Je ne veux pas cependant que ce projet paraisse être de moi. Un de mes amis s'est chargé de présenter aux directeurs le plan de cette grande expédition, motivée sur la nécessité d'humilier la puissance anglaise en Asie. Suivant lui, nos succès dans cette partie du monde priveront l'Angleterre de son grenier d'abondance, et lui fermeront les plus riches marchés de l'Afrique.

O ! comme le directoire saisira ce prétexte, beaucoup plus apparent que solide, pour jeter sur de lointains rivages l'homme que secrètement il redoute, le guerrier qui menace sa puissance ! Gens de toute espèce, guerriers, trésors et vaisseaux, je puis tout demander, il m'accordera tout.

Pour me soustraire aux observations que vous pourriez me faire sur les dangers de l'entreprise et l'éloignement des lieux, je n'ai que deux mots à vous dire : je veux à tout prix être indépendant et commander aux autres. Cette double volonté, une fois irrévocablement exprimée, doit clore la bouche à quiconque entreprendrait de combattre mes desseins; desseins qui ne sont point autant hors de proportion avec mes facultés que le vulgaire des hommes voudrait bien le croire. »

Buonaparte pouvait à coup sûr m'épargner ce dernier avis. La chaleur avec laquelle il m'avait exposé ses projets, la fixité bien connue de ses volontés, la soif inextinguible de son ambition, tout enfin, ne m'interdisait-il pas la plus légère objection ? Deux autres motifs me commandaient le silence. Séduit comme bien d'autres par les résultats supposés de l'expédition d'Égypte, je la croyais un grand moyen d'abaisser l'orgueil de l'Angleterre, me prouvant, toutefois, que la fidélité de l'armée française ne permettrait point au général en chef de lever l'étendard de la révolte en se déclarant indépendant.

D'un autre côté, je croyais que le directoire, calculant les dangers et le succès incertain d'une telle entreprise, lui refuserait son approbation. Il n'entrait pas dans mon idée, que les premiers magistrats d'un grand peuple, sacrifieraient au plaisir

d'éloigner un audacieux concur-
rent, une flotte superbe et quarante
mille guerriers, soldats intrépides,
dont la France avait encore besoin
pour contenir les puissances limi-
trophes.

Ah ! que sous ce rapport Napoléon
en savait bien plus que moi ! Combien mieux il avait lu dans l'ame de
nos ambitieux directeurs ! à peine
eurent-ils pris connaissance de son
projet qu'ils y donnèrent les plus
grands éloges et une approbation
complète. Une superbe armée,
l'élite des guerriers français, fut aussitôt réunie, et prit le nom d'armée
d'Angleterre, pour donner le change
à cette puissance. Une flotte de cent
quatre - vingt - quatorze voiles se
rassemble à Toulon, et Buonaparte
est désigné pour commander cette
fameuse expédition. Fort de ces

immenses préparatifs où rien n'avait
été épargné , Napoléon voulut me
badiner sur le peu de foi que toujours j'ajoutais aux futurs projets
dont il me faisait part. « Eh bien !
monsieur l'incrédule , me dit-il un
jour , que vous ai-je avancé dernière-
ment ? *Trésors guerriers et vais-*
seaux , je puis tout demander , rien
ne me sera refusé.» Étaient-ce bien là
mes espérances , et maintenant se
réalisent-elles ? répondez ; car enfin
il faut que je vous amène à avouer
que la fortune me tient par la main.
— Depuis long-temps , général , je
me suis fait cet aveu ; mais veuille
l'inconstante déesse qui vous protége
aujourd'hui ne pas vous abandonner dans le gouffre où vous descend
l'ambition ! Veuillez vous-même,
usant sagement de ses faveurs , ne
point l'obliger à vous tourner le dos

à force d'en trop exiger !— Timidité que tout cela : ménagemens qui tuent l'énergie. Si je pensais aux suites, je n'exécuterais rien. Mais, grâce à mes observations, il m'est plus que prouvé que celui-là n'arrive pas à l'apogée de la grandeur, qui se fait toujours précéder par la prudence et la réflexion. L'ambitieux, comme le navigateur, doit s'étourdir sur les écueils et les tempêtes ; et jamais vaisseau n'eût déchiré le sein des mers, si le pilote se fût fait une idée des périls qu'il affrontait. L'ambition, quel qu'en soit le genre, la témérité, l'audace, l'irréflexion, l'intrépidité, ont seules pourvu le globe des connaissances qu'il possède, des grands empires qui le couvrent, et des trésors qu'il étale. La prudence et la sagesse ne sont qu'en seconde ligne, et seulement pour diriger l'emploi de ces richesses. Les grandes passions acquièrent, les vertus douces conservent : ainsi donc, mon ami, souffrez que je mette en action les grands principes qui font acquérir ; un temps viendra que je mettrai en pratique les paisibles moyens de conserver. Qui ne raisonnerait comme moi, si la fortune le servait de même ? J'ai fait indirectement de fortes demandes au directoire : elles m'ont été octroyées. Ce début m'encourage, et je vais solliciter autre chose.

Mon empire projeté réclame d'autres gens que des soldats. Je prétends leur adjoindre des hommes instruits en tous genres. J'ai besoin de connaître les plus petites particularités du sol, le cours des fleuves, les avantages qu'ils présentent, la nature du terroir, les améliorations dont il il est susceptible, le caractère des habitans, leurs mœurs, le degré de leur courage et de leur faiblesse, leurs goûts, leurs préjugés, ce qui peut les assouplir là, et les stimuler ici, les lois enfin qui leur conviennent le mieux. Pour arriver à toutes ces fins, je veux donc m'attacher philosophes et mathématiciens, physiciens et chimistes, naturalistes et astronomes, ingénieurs et géographes, antiquaires et savans, historiens et poëtes, peintres et musiciens. Ces différentes personnes naturaliseront, chacune en leur genre, leur savoir sur le sol; elles feront des élèves que le temps multipliera; et mon empire sera tout Européen. — Et si cette dernière demande allait dessiller les yeux du directoire, où en seriez-vous, général? — Ne craignez rien; la crainte du présent l'aveugle trop sur l'avenir; et je lui demanderais maintenant des ouvriers dans tous les genres, que sans réfléchir il me les accorderait. »

Napoléon n'avait pas trop présumé des complaisances du directoire, qui, sous prétexte d'enrichir le monde littéraire d'un grand ouvrage sur l'Égypte, s'empressa d'obtempérer à sa dernière demande.

Les préparatifs de cette expédition touchaient à leur terme, et déjà nous faisions les nôtres, lorsque je demandai au général si son épouse le suivrait en Egypte. « Non pas, me répondit-il, c'est un petit camp d'observation que je laisse en France ; Lucien et Joseph en seront les gardes avancées, et les autres membres de la famille les éclaireurs. Qui sait même s'ils ne serviront pas un jour à protéger ma retraite ? il est tant de chances sur le théâtre où je vais me lancer ! je saurai toutefois bien saisir l'heure et l'occasion de les rapprocher de moi, si la fortune m'époue irrév ocablement sur les rives du Nil. »

Quel homme assez pauvre de sensations n'aurait pris part au délire de cet ambitieux, bien jeune encore pour les grandes opérations qu'il méditait ? il fallait l'entendre narrer ses désirs, ses craintes, ses espérances, et jusqu'à ses erreurs, dans ce style pittoresque, animé, et plein de verve qu'il possédait si bien quand il ne se possédait plus. Alors, on s'identifiait malgré soi avec ses rêves, et la chaleur de son débit vous déguisait l'absurdité de ses principes et la mauvaise contexture de ses plans.

Le 2 mai 1798, Buonaparte reçut ses dernières instructions du directoire. Elles formaient un cahier assez

volumineux. « Voilà, me dit le général en me le montrant, le contrat
de la vente que me fait le gouvernement français des royaumes de
Jérusalem et de Tripoli. »

Notre départ fut irrévocablement
fixé au lendemain. Buonaparte avait-
il associé sa famille à ses brillantes
espérances ? je l'ignore; mais ses
frères, ses sœurs et sa mère, le
virent s'éloigner sans éprouver ce
sentiment pénible et douloureux
qu'inspire toujours une longue sépa-
ration entre gens qui se chérissent
mutuellement. Joséphine, la seule
Joséphine ne put soustraire son visage à l'empreinte de sa douleur. Je
vivrais des siècles que je croirais toujours entendre les paroles qu'elle lui
adressa en le quittant. « Allez, mon
ami, lui dit-elle avec l'accent d'un
cœur profondément affecté, soyez

tout ce que vous voulez être ; mais , pour peu que votre épouse vous soit chère , ménagez-vous à sa tendresse ; donnez , le moins que vous pourrez, l'essor à l'impétuosité de votre génie ; n'en croyez pas toujours le cri de la gloire ; parfois elle met ses favoris dans la tombe : n'outrez rien. »

C'étaient autant d'avis perdus ; son fougueux époux n'était plus en mesure de les entendre : l'ambition l'avait cuirassé contre la prudence. Égaré dans le tourbillon de ses rêves magnifiques, il s'élança sur le vaisseau qui devait le porter aux bords du Nil , avec l'assurance d'un homme qui se croit maître de la fortune.

Parti de Paris le 4 mai , nous arrivâmes le 9 à Toulon. Si Buonaparte n'eût été pétri d'amour-propre, l'honorable accueil qui lui fut fait dans cette ville, dont il avait quatre ans plus tôt foudroyé les murailles, l'aurait nécessairement rendu moins modeste. Rien n'y fut épargné pour lui prouver que l'on avait placé sur lui de grandes espérances. Pauvres Français! et lui aussi caressait un brillant espoir; mais ce n'était point dans le sens de vos intérêts.

Deux jours suffirent au général pour terminer l'organisation de l'armée, et compléter l'approvisionnement de la flotte. Le 12, les troupes commencèrent à s'embarquer; le 14, l'opération était terminée. Quelle troupe que cette armée d'Egypte! non, l'homme le plus indifférent, le plus ennemi des combats, n'eût pu résister à l'intérêt qu'inspirait cette jeunesse guerrière, dont les quatre cinquièmes ne devaient plus revoir leur patrie. Napoléon lui-même, frappé du magnifique ensemble de cette armée, ne put s'empêcher de me dire, en termes qui dévoilaient les secrets de son ame : « Voilà un bien bel empire que j'embarque à mon profit. »

L'instruction et les connaissances qu'il me serait permis de puiser chez les peuples nouveaux que j'allais ob-server, le plaisir d'y étudier Napoléon sous une nouvelle face et des rapports différens, me rendaient précieux le poste que j'occupais auprès de lui. J'étais enfin extrêmement satisfait de partager les chances de cette expédi-tion, lorsque deux jours avant son départ un accident malheureux m'en-pêcha d'en faire partie.

Le 18 mai sur le soir, en revenant du port avec le général, mon cheval fait un faux pas, s'abat, je tombe et me casse la cuisse. J'ignore comment je fus transporté à mon logis, mais, lorsque je repris mes sens, près de mon lit étaient Napoléon, Klébert, Menou et Lavalette; le médecin et le chirurgien constatèrent la fracture, et posèrent le premier appareil. « Cette cure sera longue, demanda Buonaparte ?— Oui, lui répondit le chirurgien. — Diable, cela me contrarie singulièrement.... et puis, se retournant vers Lavalette : Sachez que cet aide-de-camp est infiniment bien avec moi : il est un des hommes que j'avais désirés le plus dans les contrées que je vais visiter. Dangeais, je vous verrai avant de partir. »

Sur les dix heures le général entra dans ma chambre. Je souffrais cruellement ; il s'en aperçut. «Guérissez, mon ami, me dit-il ; et, puisqu'il faut que je vous quitte, sitôt après votre convalescence, rendez-vous près de mon épouse, et n'ayez pas d'autre demeure; je l'exige, et je vais écrire en conséquence.

« Ah ! que votre accident me contrarie ! que vous perdez de ne pouvoir me suivre en Égypte ! là, plus que jamais, il y aurait matière. Mais enfin, j'y suppléerai autant que faire se pourra. Il en sera de moi comme de vous à la Martinique ; ma correspondance ne laissera que très-peu de lacune dans le factum de mes exploits. Dangeais, tenez-vous bien le journal de vos observations ? N'oubliez pas que j'y prends beaucoup d'intérêt, et que je veux avoir encore cela de plus sur les hommes qui ont marqué, un historien véridique. Vous le serez, mon ami, par trois raisons que voici :

« 1° Egalement éloigné de me flatter et d'exagérer mes défauts, je suis convaincu que vous ne partagez

nullement ma façon de penser.
Donc : votre censure sera vraie.

« 2° Je suis fortement décidé à ne
pas lire votre manuscrit ; car, quels
que soient vos jugemens sur ma conduite politique et privée, je suis moralement certain qu'ils ne me con-
viendraient pas.

« En dernier lieu, et d'après nos
conventions, ces Mémoires ne peuvent être publiés pendant ma vie, à
moins qu'un événement quelconque
ne me fixât à jamais hors de France
et de l'Europe.

« Revoyez donc pendant mon absence cet important recueil, à l'intérêt duquel ma correspondance
d'Egypte ajoutera beaucoup. Il serait
possible que cette visite fût la dernière, car les vents qui soufflent peuvent, d'un moment à l'autre, m'em-
porter loin d'ici. Recevez donc mes

adieux, et croyez bien qu'il ne tiendra pas à moi que vous ne me rejoigniez dans la capitale de mes états. »

Ce fut en effet la dernière visite qu'il me rendit ; car le lendemain, 10 mai, la flotte leva ses ancres et cingla pour l'Égypte.

CHAPITRE XI.

MA chute, et la fracture qui s'en était suivie, avaient eu les suites les plus graves. Plus d'une fois on craignit pour mes jours ; cependant, à force d'art et de soins, on parvint à me guérir ; non sans qu'il m'en soit resté de grandes douleurs qui, depuis cette époque, me font cruellement souffrir, et m'interdisent parfois de monter à cheval.

J'eus à peine recouvré quelque force, que je me rendis à Paris, et de là chez Joséphine, qui m'avait plusieurs fois écrit à ce sujet. Cette dame me fit le plus aimable accueil ; et jusqu'au retour de son époux, il n'est sorte de soins qu'elle ne m'ait fait prodiguer pour calmer mes souffrances et me rendre la santé.

Depuis trois mois, cependant, Buonaparte était en Égypte, et les journaux seuls m'avaient appris ce qu'il y faisait. J'étais d'autant plus surpris de son silence à mon égard, qu'il avait écrit à son épouse par la voie de la correspondance officielle. Onze mois se passèrent ainsi, et je conclus qu'il ne voulait plus en agir avec moi comme autrefois. Je me disposais même à quitter la Malmaison, que j'habitais alors de préférence à la capitale, lorsque, le 2 septembre, Joséphine me remit une lettre de son époux, trouvée dans les dépêches qu'elle en avait reçues.

Cette lettre, quoique fort peu connue, n'est cependant pas tout-à-fait ignorée; et monsieur G........, de l'université , l'avait surnommée l'épître sans commencement et sans fin ; quoi qu'il en soit, la voici fidèlement copiée sur l'original.

De Rosette, le 24 juillet 1799.

« Je ne vous ai point écrit, Dangeais ; je ne voulais, je ne pouvais, je ne devais point vous écrire ; je vous écris enfin malgré moi. Oui, c'est un caprice, une distraction aux bourrasques qui , de temps à autres, soulèvent et désorientent mes facultés physiques et morales. Certes, tout en moi est maintenant tourmente. De nombreuses idées , sans liaison, sans rapports entre elles, se disputent aujourd'hui ma plume, se l'arrachent alternativement, et l'occupent sans ordre et sans choix. Qu'ai-je besoin au surplus de vous le dire ? ne le verrez-vous pas dans la contexture de cette dépêche. Là vous me trouverez tel que j'existe à l'instant où j'écris. C'est à dire lacéré de chagrins , d'impuissance , de contrariétés , et morcelé par une foule de désirs et de sensations.

« Quel est donc l'écervelé qui le premier a dit que l'homme est le plus parfait ouvrage échappé des mains de la divinité? Ah ! sans doute, celui-là vivait dans un monde en peinture; mais c'était une belle phrase , et de graves imbéciles l'ont prise pour une solide vérité. Que de superbes mensonges ont fait et feront fortune ! L'homme.... Voilà bien des constructions la construction la plus mesquine , la plus bizarre, la plus incohérente qui soit sous le ciel. Aussi lui seul fait-il son éloge. C'est un débile damoiseau qui se proclame un Hercule. Un reptile gros

eomme le doigt le mord, et il expire ;
il mange un faux champignon, et il
étouffe. Il court un peu plus vite qu'à
l'ordinaire, il s'échauffe et agonise ;
qu'il désire vivement et qu'il n'ob-
tienne pas, il ne s'appartient plus. Le
voilà bien cet homme, ce prétendu
chef-d'œuvre de la création, et qui
dans le fait est moins bien propor-
tionné que le vase le plus grossier.
L'anse d'un pot de terre est en proportion avec son volume. Et les désirs de l'homme sont des milliers de
fois plus grands que ses moyens de
se satisfaire. Qu'il sache se contenter, me dira-t-on. Que le malheureux le puisse donc ! répliquerai-je,

« Croyez-vous, mon ami, que les
bords de la mer Rouge m'eussent jamais vu, s'il eût été en mon pouvoir
de m'en tenir à ce que je possédais
sur les rives de la Seine ? Que de cha-

grins que de tortures je me serais épargné ! mais non : chez l'homme, certaines passions se changent en besoins naturels. Mes désirs et mon ambition sont de ce genre. Il faut que je les satisfasse comme la faim et la soif ; aussi, combien seront superficiels ceux qui m'accuseront ! Que je serais heureux de *vouloir* moins ! Je me suis essayé à me restreindre ; je n'ai point réussi. Les revers même n'ont point comprimé mon élan. Ce n'est pas que mes débuts n'aient été superbes. L'île de Gorzo et celle de Malte ont été soumises en passant. A peine ai je touché le sol de l'Égypte, que ses principales villes sont tombées en mon pouvoir. A Rhamanié, à Cheibeisse, aux Pyramides, au Mont-Tabor, partout enfin, Turcs et Mameluks n'ont pu tenir devant mes guerriers. Mais le 1er août mon amiral a contraint la fortune à m'être un moment infidèle. Que ce combat d'Aboukir m'a fait de tort ! que je devrais en vouloir à ce Brueyes ! mais lui aussi avait son ambition, il voulait avoir l'honneur de se déployer devant Nelson. Si ce grand motif le justifie aux yeux de la postérité, je n'en ai pas moins perdu ma flotte, et peut-être l'empire que je voulais me créer. Que ne rentrait-il dans le port d'Alexandrie! je lui en avais donné l'ordre. Ne le pouvait-il pas ? eh bien ! il fallait qu'il débarquât son artillerie et les munitions destinées à l'armée de terre ; qu'il se retirât ensuite à Cadix ou à Corfou. Le malheureux a cru devoir me désobéir ; aussi a-t-il bien fait de mourir à son bord ; je lui aurais difficilement pardonné la perte de mon escadre (1). Sans vaisseaux, et désormais sans espoir d'être secouru par la métropole, il m'a fallu pourvoir à tout et me suffire à moi-même. Quoi qu'il en soit, en tout et partout la victoire s'est mise à mes gages. Le pacha Djessar et les débris de son armée se sont retirés en Syrie et ensuite jetés dans Saint - Jean - d'Acre, misérable bicoque, qui en Europe ne m'eut pas arrêté vingt-quatre heures ; mais c'était là que, m'attendait le premier revers, et quel revers ! Je le dois à un Anglais et surtout à un Français. Sidney Smith et Phelippeaux avaient fortifié Saint-Jean-d'Acre, et le défendaient. Ces

______

(1) Buonaparte ne dit pas. qu'il n'était plus temps de se retirer à Cadix ou à Corfou quand il en donna l'ordre à l'amiral. Nelson était en présence.

deux hommes m'ont porté un coup mortel. Oui, Dangeais, et je ne puis plus le dissimuler, mes superbes rêves se sont évanouis. Ce nouveau royaume de Jérusalem, que j'avais entouré des plus brillans prestiges, ne sortira pas des ruines de l'ancien. Je me suis trompé sur l'état actuel de l'Égypte et sur les mœurs de ses habitans. J'étais trop grand pour descendre aux viles proportions de ces contrées. Je les avantageais de la noblesse de mes sentimens ; je les croyais enfin dignes de reconquérir leur antique renommée. Partant de ce que jadis elles étaient et de ce qu'elles sont maintenant, pouvais-je en effet croire à leur turpitude, à leur avilissement complet ? Ces peuples sont hideux de servitude, de stupidité et d'une lâche insouciance. Je désirais les décrasser, les ennoblir, les mettre en scène ; je leur portais un brillant avenir, des mœurs aimables, de superbes institutions : eh bien ! cette canaille africaine n'a rien senti, rien apprécié. Elle aime à se rouler dans la vermine de la glèbe. Aux nobles appels que je lui ai faits : elle n'a d'abord répondu que par du dédain, et ensuite par de la haine et des révoltes. A l'heureuse perspective que je lui offrais, elle a préféré l'esclavage, le knout, et le pal des Beys Mameluks. J'ai cru parler gloire à des hommes, et c'était à des brutes féroces. J'ai cependant trouvé dans les moyens terribles exercés contre les séditieux du Caire, la mesure de ceux qu'il faudrait employer pour soumettre ces peuples aux intentions d'un législateur européen. Depuis long-temps morts à l'honneur, à la gloire, à l'indépendance civile, ces misérables ne se dirigeront jamais vers ces trois grandes propriétés de l'espèce humaine. Solon renaîtrait et voudrait leur donner de plus douces lois, qu'ils le mettraient en pièces. Un farouche Omar et de féroces guerriers réussiraient seuls à leur signifier un Code. Mahomet fit preuve de génie quand il leur traça l'Alcoran avec la pointe d'un cimeterre trempé dans leur sang. Ce n'est pas toutefois que je n'aie eu la volonté de l'imiter. Oui, Dangeais, comme le prophète, j'ai eu l'intention de m'établir sur les débris de la partie récalcitrante de ces peuples ; comme lui j'ai pensé à les sabrer pour les faire obéir. Mais pour ces sanglantes brusqueries, il m'eût fallu, ce qu'avait Mahomet, des soldats moins guerriers qu'assassins, et je n'avais

que des Français, nation trop civi-
lisée, trop *commèrc*, trop *pleurni-
cheuse*, trop peu Arabe pour con-
descendre et coopérer à ces grands
et terribles asservissemens (1). Déjà
même, officiers et soldats ont secrètement condamné quelques mesures
de rigueurs, et certaines destructions isolées, commandées au surplus par les circonstances et les localités. Ces hommes-là ne savent que
marcher à découvert ; et, quelques
intimes exceptés, tous moyens hors
de ligne leur paraît un délit. Je suis,
de plus, informé que Tallien, Klébert, Desaix et Régnier, se proposent de publier ces *misères* à leur

---

(1) Quelle que soit l'impropriété de ces
épithètes, elles deviennent le plus bel éloge
que l'on puisse faire de l'humanité et de la
générosité du soldat français.

retour en France ; mais j'y mettrai bon ordre. Ce Klébert, au surplus, me fatigue de sa lourde probité et de son regard improbateur. S'il est vrai qu'il m'ait secrètement pénétré, il est doublement dans son tort. Pourquoi donc ose-t-il censurer ce que j'opère dans le sens de mon ambition ? De deux choses l'une, ou qu'il m'élimine, s'il le peut, ou qu'il se taise. A sa place je ne balancerais pas : *ou tombe, ou prospère...* C'est en vérité malheureux que de tels hommes n'aient de prix qu'un jour de combat. C'est ne valoir quelque chose qu'à jour fixe ; du reste, vulgaire, zéro, très-zéro. Dans cette espèce de grabuge, c'est Desaix le seul Desaix que je regrette. Il méritait d'être compté parmi les miens. Mais il a des faiblesses de ménagement et de droiture. Près de moi, vous le savez, ce sont de grandes taches qui finissent par me faire dédaigner l'étoffe. Que dites-vous de Tallien. Des accès d'humanité... De vertueuses indignations... Je lui croyais la bouche cadenassée pour la vie... Tallien... Mais sans trop exiger, ce furibond, hors de cour, devrait être silence de la tête aux pieds. Ah? qu'il dorme paisiblement pour ne pas réveiller les autres !

« Ce léger aperçu de ma situation vous prouvera, mon ami, que l'Égypte est maintenant une Sibérie pour moi. Depuis quatre mois je suis, grâce au ciel, convaincu de cette vérité : aussi ai-je fait travailler toute la famille, hommes et femmes. Savez-vous, Dangeais, que ce Lucien m'étonne ; c'est un sujet ample et fort en moyens ; peut-être même en a-t-il trop pour moi : jeunes, nous

étions rarement d'accord. Il se pourrait qu'à l'avenir nous ne marchions
pas sur la même ligne : pareille scis-
sion me contrarierait. Je n'aimerais
pas avoir tant d'affinité avec un
homme qui se redresserait contre
mes volontés : de tels liens entravent
les corrections ; cependant il a fait
d'excellentes recrues. Roger-Ducos,
Sieyes, Lebrun, Cambacérès, et je
ne sais combien d'autres, portent
secrètement mes couleurs. Joseph
aussi est sorti de sa sphère ; il n'est
pas jusqu'à la jeune et sémillante
Pauline qui n'ait voulu fournir sa
cote-part. Elle a jeté des promesses
aux jeunes et vieux petits-maîtres
des deux conseils, et laissé tomber
de doux regards sur quelques autres
personnages. Elle a fait effet, et le
nombre des conjurés s'est accru.
Ces divers sortes d'agens sont, il est

ci, encouragés par l'espoir de ne semer en terre ingrate. Vous parlerai-je de Joséphine ? ah ! mon ami, celle-ci, s'est franchement mise à l'ouvrage, et pour le seul plaisir de me rapprocher d'elle. Raison, douceur, promesses, elle a tout employé pour me donner du monde : aussi lui devrai-je beaucoup. Mais je vous entretiens de partisans, et je ne vous ai pas dit encore un mot des occupations que je leur prépare. Dangeais, sous peu je tomberai en France comme une bombe. J'arriverai dans la capitale ; mes nombreux manœuvres mettront alors la main à la besogne, et les directeurs auront régné. Toutes les classes trouveront leur compte à ce changement. Robespierre avait lassé l'humanité, le directoire a fatigué la patience et le mépris de la nation ; l'un équivaut à.l'autre. A cette entreprise, me direz - vous, sont attachés de grands dangers? je le sais; je m'en suis même pénétré, et cependant je suis décidé à les affronter. Tout, au surplus, me commande de rassembler de nouveau les regards de la nation sur la hardiesse de mes opérations. Ceux-là même que séduisirent mes premières campagnes d'Italie, et qui connaissent, autrement que par les journaux, les événemens militaires de cette maudite expédition d'Égypte, ne reconnaissent plus, dans le général qui la commande, le vainqueur d'Arcole et de Lodi. J'ai le plus pressant besoin de me relever dans l'opinion de cette classe d'hommes. Ne peuvent - ils pas se dire d'un jour à l'autre? « Nous nous sommes mépris sur le génie militaire de ce guerrier;

il ne sait vaincre qu'à force d'hommes. » Ah ! s'ils faisaient cette réflexion, et qu'ils la publiassent, je serais perdu. On compterait les cadavres et les mutilés ; chaque famille ferait le dénombrement de ses pertes, et les registres mortuaires de l'armée d'Italie donneraient le secret de mes étonnantes victoires. Vous, Dangeais, qui jugez sagement et froidement, dites-moi si le péril n'est pas d'une éminence effrayante ? aussi, tout est-il préparé pour l'arrêter à sa source. Que risquai-je au surplus dans cette tentative ? par mes exploits je suis à l'abri d'un grand correctif. Je perdrai momentanément mon grade ; on m'exilera peut-être ; mais on ne peut pas me destituer de mon génie, et le mien me fera aisément surnager sur le gouffre des revers.

« Grâce aux précautions que j'ai

prises, et aux discours journaliers que firent circuler mes amis, les Français ne me reprocheront point l'expédition d'Égypte. Persuadés, au contraire, que le directoire l'entreprit pour se défaire de moi, ils me verront avec plaisir de retour parmi eux. Leur assentiment me suivra dans la dissolution préméditée d'un gouvernement qui les obsède de ses misérables querelles, et qui, depuis mon départ, a laissé flétrir les lauriers dont j'avais obombré le front des armées françaises.

« Si je n'avais d'immenses projets, projets capables de me mettre en mesure contre les ennemis et les accusations que je vais me susciter, certes, je n'abandonnerais pas furtivement l'armée que je commande.

« Ma disparition d'Égypte aliénera probablement contre moi la plus

grande partie des officiers supérieurs
de cette armée. Klébert et quelques
autres, qui depuis long-temps m'im-
prouvent, crieront au déserteur !
Cette odieuse épithète sera répétée
par les ennemis et les jaloux que j'ai
en France, et sans doute elle passe-
rait à la postérité, si je ne la rendais
impropre et suspecte par des succès
extraordinaires et l'acquisition d'une
puissance colossale. Oui, mon ami,
si je ne me place à la droite de ma
nation, si je n'éblouis l'Europe par
l'éclat de mes titres et de mes prospérités, si je laisse en un mot le
temps à la réflexion de m'analyser,
c'en sera fait de ma renommée. Je
ne serai plus qu'un lâche fuyard, et
le dernier *paltoquet* de la population
ne craindra pas d'accoler à mon nom
cette odieuse épithète. Oh ! que cette
idée me donnerait bien vite la mort,

si je ne savais me donner une puissance illimitée, et mettre à mes genoux ceux-là même qui voudraient pouvoir impunément me mettre sur la sellette !

« Klébert me hait, je le sais, et plusieurs personnes ne l'ignorent pas. Je pourrais, à mon départ, et sans lui faire un passe-droit, remettre le commandement de l'armée à un autre général ; mais non, c'est lui que je veux appeler à ce poste important. Je connais les difficultés qu'il présente, les dégoûts, les chagrins et les périls qui lui sont attachés ; je ne puis, en un mot, me venger mieux de mon ennemi. Je suis bien loin d'avouer une pareille pensée ; certaines personnes, au contraire, mises dans le secret de cette promotion, m'en ont félicité comme d'une action louable, et qui prouve mon peu de penchant à la vengeance. Ces bons myopes en connaissance du cœur humain attribuent à ma générosité ce qui n'est que l'effet de mon ressentiment et de ma politique.

« Quant aux difficultés d'échapper aux flottes anglaises, elles sont à peu près toutes levées ; je naviguerai sous pavillon neutre : les Anglais au surplus m'aiment beaucoup mieux en France qu'en Égypte, et j'espère bien leur prouver que, sous ce rapport, ils auront été dans l'erreur.

« Si j'en crois Lucien, qui a pris l'excellente précaution de baillonner les faiseurs de gazettes, et de leur conduire la main, mes revers en Égypte ne m'ont rien ôté dans l'esprit de la multitude. Cette assurance n'est à considérer que pour le moment : je saurai bientôt me mettre au-dessus des appréciations du vulgaire.

« Ainsi donc, cher Dangeais, l'impossibilité reconnue de me créer un empire, là où le rédempteur des hommes a placé sa crèche et sa tombe, me ramenera sous peu de temps sur le théâtre de mes premiers débuts. Là, j'ose le croire, je forcerai la fortune à me dédommager des infidélites qu'elle m'a faites sur les rives du Nil et dans les déserts de la Syrie. »

BUONAPARTE,

Général en chef de l'armée d'Orient.

. . . .

Cette importante dépêche, dont une seule phrase dit et prouve plus que tout ce qu'on a imprimé ou discouru contre ou pour Napoléon, me fixa irrévocablement sur son compte. Je vis dès lors qu'il n'avait pas rêvé de terribles destinées, et qu'il ferait aux risques et périls de la nation qui voudrait bien le tolérer, tout ce que lui dicterait son insatiable ambition. J'aurais présumé que ses revers en Égypte l'auraient rendu plus circonspect et moins entreprenant. Sa dépêche, preuve du contraire, me confirma que sa fièvre ambitieuse était incurable.

Si, toutefois, je le croyais capable de prendre la fortune aux crins en tout et partout, je n'en étais pas moins incertain du succès de ses violences. Cette déesse, quoi qu'on en dise, lui avait été furieusement inconstante en Égypte ; et ses inégalités pouvaient le suivre en France et dans la grande réaction qu'il voulait opérer. Dix raisons pour une m'in-

culquaient cette idée, qu'appuyaient
encore des présomptions aussi naturelles que légitimes et bien fon-
dées.

N'était-il pas probable, qu'abs-
traction faite de leurs divisions, les
différens membres du gouvernement
les mettraient momentanément sous
les pieds, pour se réunir de volonté
et d'opinion contre la régence d'un
soldat corse. Ce seul titre agrandira
Buonaparte, et portera aux généra-
tions à naître la mollesse, l'ineptie
et le déshonneur du gouvernement
qu'il a culbuté.

Si la mort pouvait relâcher une
antique proie, et que le consul
romain Appius, qui ne voulait point
des Corses pour esclaves, eût tout à
coup habité la France à l'époque du
consulat à vie, ce Romain, dis-je, eût
cru faire un rêve. La nation la plus

recommandable du monde connu, vingt-cinq millions de Français, en un mot, paisiblement courbés sous la verge d'un petit roturier d'Ajaccio, est en effet un événement plus qu'apocryphe, et qui au delà d'un siècle sera classé parmi les Mille et une Nuits.

Exagération et prévention mises de côté, quiconque se pénétrera bien de ce qui constitue cet événement, hommes et choses, avouera franchement que d'un topinamboux à un académicien français la distance était moins grande que de Buonaparte au consulat en chef et à vie, véritable royauté sous un autre nom. Je n'exagère pas, ou je vois les choses autrement qu'un autre.

Avoir franchi cet espace, selon moi, incommensurable, est aussi ce que font sonner le plus haut le petit nombre de ces apologistes.

S'être ainsi élevé et promu, prouverait, il est vrai, beaucoup en sa faveur, si l'on ne s'identifiait avec l'ambition et les divisions intestines des personnages qui gouvernaient à cette époque. Certes, l'élévation prodigieuse de Buonaparte serait encore une énigme pour nous, sans la solution que nous en donnent les différentes passions qui dominaient le directoire et les membres des deux conseils.

Un Barras, un Fouché, un Carnot, et cinquante autres de la même trempe, savaient leurs réactions par cœur. Rompus depuis dix ans aux prises de possession et aux déplacemens en tous genres, ils pouvaient à coup sûr éliminer et perdre le guerrier téméraire qui menaçait leur autorité et l'indépendance nationale.

Ils n'avaient besoin pour cela que de faire à la patrie le sacrifice de leur ambition et de leurs haines. Mais ce sacrifice honorable qui ne coûtait rien aux Romains, à l'aspect de l'ennemi commun, ne pouvait être consenti par des hommes pour qui la patrie n'était qu'un vain mot, qu'un prétexte sacré, et que dirigeait un criminel égoïsme.

Cette désunion générale des partis qui pouvaient s'opposer aux vues ambitieuses de Napoléon, laissa pour ainsi dire le champ libre à son audace ; quelques-uns même la protégèrent de toute leur influence, afin d'arriver sous lui à de brillans emplois. C'est au moins ainsi que l'on doit expliquer la facilité avec laquelle il changea la forme du gouvernement.